就実大学 グローカルブック

ビル・エモットと語る日本再生と地域創生

就実大学 経営学部 編

GLOCAL BOOK

ビル・エモットと語る日本再生と地域創生

就実大学経営学部編

本書は、２０１４年12月11日（木）、イオンモール岡山５階「おかやま未来ホール」で開催された就実学園創立１１０周年記念講演「ビル・エモットと語る日本再生と地域創生」を収録しています。

ビル・エモットと語る日本再生と地域創生

目次

開会のあいさつ……………… 6
千葉喬三（就実学園理事長）

基調講演Ⅰ　日本再生をいかに図るべきか？……………… 9
ビル・エモット（就実大学客員教授）

基調講演Ⅱ　世界から見た日本　～アジア・日本のOpportunity……………… 27
出井伸之（クオンタムリープ株式会社代表取締役ファウンダー＆ＣＥＯ）

パネルディスカッション
地方は日本再生の原動力たり得るか……………………55
ビル・エモット（就実大学客員教授）
出井伸之（クオンタムリープ株式会社代表取締役ファウンダー&ＣＥＯ）
小嶋光信（両備ホールディングス株式会社代表取締役会長兼ＣＥＯ）
石川康晴（株式会社クロスカンパニー代表取締役社長）
総合司会　杉山慎策（就実大学経営学部学部長）
閉会のあいさつ……………92
稲葉英男（就実大学学長）

開会のあいさつ

就実学園理事長　千葉喬三

今日は、「ビル・エモットと語る日本再生と地域創生」という演題で三部構成になっており、まずビル・エモット様からご講演をいただき、「日本再生をいかに図るべきか?」という非常に興味深い、また重い題でありますがお話しいただきます。その後、出井様から、「世界から見た日本　アジア・日本のOpportunity」ということで、ご自分の経験を踏まえて、大変示唆に富んだお話が聞けると期待しております。その後、そのお二人と、小嶋様と石川様の4人でディスカッションという構成にしております。

今日の題ですけれども、一つは「日本創生ができるか」ということ。ビル・エモットさん流に言えば、「また日本に日は昇るのか」という話だと思いますが、それと地域の創生ということを掲げております。安倍首相もしきりに言っておりますように、「地域」あるいは「地方」という言葉をよく聞くのですが、言葉は幾つも出てくるのに、いったいどういうプログラムでどんなスケジュールでやっていくのかという話は一向に出てこなくて、言葉だけが踊っているという気がいたします。そういうことでは日本の再生など覚束ないと思っています。

私たちは資本主義経済の中で生きているわけですが、資本主義経済というのは、宿命的に資源の集中をしないといけないということで、これは資本主義の持っている根源的な仕組みで、従来はそのシステムの中でやってきたわけです。そういうやり方で果たしていいのか、経済はそれで動いていくけれども、社会や社会を構成している人間そのものにどんな展望が開けるんだろうかという素朴な疑問があります。特に日本のように成熟社会に入った所では違ったパラダイムがいるのではないか、というふうに私自身は考えております。その一つとして、やはり集中をいかに分散させるかということにあると思っています。その一つが地域創生ということだと思います。私は自分の専門として生物学の生態学をずっとやってまいりました。生態学をしていると、非常に大きな示唆があります。今、地球上には３０００万種ぐらいの生物がいるんですけれども、それを40億年かけて広げてきたわけです。そういう社会がなぜ安定的に維持できるかというと、それは集中をしなくて分散をしているからです。ダイバシティを持っているからこそ、全ての生物が地球上に存在しうるというモデルを生物は経験的に試行錯誤の末につくっているわけです。

そういうことを見ますと、やはり集中だけではなくて、何らかの分散機構といいますか、そういうパラダイムを私たちの生活の中につくっていかなければならないと思います。少なくとも日本は、そういう形でもう一度この国を立て直さなければいけないのではないかと常々思っています。そういうこともありまして、今日は日本再生のために地域をどうするかというテーマについて、いろいろなお話やディスカッションを通して、皆さんと一緒に考えていきたいと思っております。今きちっと考えて行動に移さないとこの国はもたないだろうというぐらいに思っています。この国がもたないということは、世界がもたないということにもつながってきますので、ぜひここは何かの新しいアイデアと新しい行動がいるのではないかと考えております。今日のフォーラムがそういうことへのきっかけになれば、この企画をした意味があったと思います。

基調講演Ⅰ

日本再生をいかに図るべきか？

ビル・エモット（就実大学客員教授）

ビル・エモット

国際ジャーナリスト。1956年ロンドン生まれ。オックスフォード大学モードリン・カレッジ卒。1980年に英エコノミストに入社。ブリュッセル、ロンドンでエコノミスト誌経済担当記者を務めた後、1983年に来日、東京支局長としてアジアを担当。1986年に帰国、金融担当部長を経て、1993～2006年、同誌編集長を務める。1989年、日本のバブル崩壊を予測した『日はまた沈む』がベストセラーとなり、2006年には日本の経済復活を宣言した『日はまた昇る』が再び話題となる。

著書

『日はまた沈む』(1989)、『日はまた昇る』(2006)、『アジア三国志』(2008)他多数私は新しい就実大学の経営学部の目標に関して、とても賛同すべきところがあります。グローバルに考え、局所的に行動するというそのテーマは、私がこれまで35年間にわたり職業人生を送ってきた中のモットーとするところと合致しております。すなわち、グローバルであること、そして全体的な世界のトレンドとテーマを理解し、その一方でそれを常にローカルな文脈に置き換えるというテーマと一致しています。私が常々感じていたところでありますけれども、英国について理解するには、やはり日本およびフランス、そしてドイツ、アメリカのことを理解することが重要であると考えておりました。

現在の世界の根源的な事実といたしまして、高速のテレコミュニケーションやあるいは交通インフラでつながっているにもかかわらず、私たちの誰もが自分のみ、あるいは自分の考えのみでは繁栄できないということがあります。もし、それをしようとすると、すぐに停滞しそして衰退してしまうのです。

巷では私たちは人間としてもう成長とか変化とか発展という考えを捨て、その代わりにただ同じ所にとどまり、現状維持をするということに集中すべきだという意見もあります。しかし、この考え方は全く根本的に人間というものを誤解しております。私たちの社会や人的な原動力というものは常に新しいものを創造すること、競争すること、そして我々の人生に目的をもたらすプロジェクトを構築することにあります。そして、いずれにせよ、私たちがじっとしていたいとしても、世界は私たちの周りで変わって変化しています。すなわち、人間の世界もそうですし、物理的な世界でも変化が避けられず、その場にとどまる現状維持というものは選択肢にありません。

幸運にも、現在の世界というものは、こうした需要を全く満たすようにできています。と申しますのは、私たちは常に最良で最も先進的な考え方、あるいは技術を世界中で見付け、そしてそれをローカルなニーズに合わせて適応するということが必要なわけですけれども、それは今までになく簡単になっており、これまでの歴史を見ても、今が一番簡単に新しいアイデア、技術に関する情報を得ることができやすくなっています。１５０年前の明治維新の立て役者たちの素晴らしい洞察も、基本的には今と同じでした。すなわち、生存し繁栄するため、当時の日本は生え抜きの人々を世界に送り出さなければなりませんでした。つまり、ヨーロッパやアメリカに送り出し、そこで最も先進的なアイデアや技術を探し、それを日本に持ち帰って適応させる必要があったわけです。しかし、当時の岩倉使節団やその他の情報収集活動の努力には数カ月あるいは数年といった時間がかかりましたが、現在の私たちはGoogleとか他のツールを使って秒単位でそれを成し遂げることができます。

しかし、このことが今日の私の講義のタイトルである「日本再生をいかに図るべきか?」ということとどんな関連があるのでしょうか。それはとても単純な理由でつながっています。基本的に、日本の再生のために必要なこととはオープンであること、そして日本に最良で最も先進的な世界の考えを進んで取り込み、それを局地的な要求に適応させることが必要だからです。こう言いますと、とても単純に聞こえます。単純すぎるように聞こえるかもしれません。しかし、これは実際アベノミクスの主張と基本的に同じです。いわゆるアベノミクスの第三の矢は、まさにこれが元になっています。問題は、アベノミクスの第三の矢というものは、理論的に紙の上で存在するだけで、まだその矢は放たれていないということです。

しかし、現代の政治について語る前に、基本に立ち戻る必要があります。いかに日本を再生するべきか。まず、その問題を解決するために理解すべきは、なぜ日本の経済発展が遅々としたもので、失望的状態なのか。そして、なぜ日本がかつての近代の成長期のような大いなる活力を失っているのかということであります。私の意見では、その答えは三つの問題に一致すると思います。そして、それらを包括する全体的な説明が必要となります。

その三つのうちの最初の問題の一つが、人口構成にあります。すでに皆さんご存じだと思いますが、日本の人口は急速に高齢化しており、それは他の西側の先進国に比べて最も速い速度で高齢化しています。そして、この問題は根本的であり、不可避で避けることができません。オーギュスト・コントというフランスの哲学者は、かつて数百年前にこのようなことを言っています。「人口構成は、運命である」と。医療や年金によりコストが掛かり、また労働生産性の伸びも鈍化しているということが、結果として起こってしまいます。そして、今後数十年の間に西側の諸国はこうした人口の変化にうまく対処できる国とそうでない国に分かれることでしょう。

日本は実は一つの重要な点でかなりよくやっています。それは他のヨーロッパ諸国やアメリカと比べてもうまくいっている点があるということです。すなわち、65歳以上で労働を継続している人が多いということです。日本では65歳以上の就労の割合が20％です。65歳以上の人が労働力になっている割合が20％となっていますが、一方でヨーロッパでは典型的には5～10％となっています。長く働くということは健康にもいいですし、また、政府の財政にとっても好都合ですし、さらに貴重な人的資源を使うということですから、経済にとっても良い効果をもたらすわけです。

私が思うに、さらに65歳以上の人を就労させておくということに関しては、日本は進んでいくと思います。しかし一方で、人口構成について日本は他の面でより進んでいない部分もあります。それは出生率です。一部のヨーロッパ諸国、例えばスウェーデン、フランス、そして英国では出生率を回復することに成功しています。すなわち、かつて日本のように女性1人につき1・4人ぐらいと低かったものを、現在では2人以上としています。人口を安定的に維持するために必要な出生率は、2・1人くらいです。

実際、出生率を上げるということはあまり簡単ではありません。欧米でそれが高くなった理由は、移民ということでも説明できます。移民の家族は、よりたくさん子どもを産むからです。しかし、ヨーロッパの一部で出生率が上がったのは、これだけで説明できるものではありません。より良い育児支援とか職場における男女の平等がさらに向上したということも理由として挙げられます。

こうした側面は日本でも変えることができます。すでに日本では、今までに比べてより多くの女性が就労しています。しかしながら、一般的にみますと、子どもを産む代わりに働いているという女性が多いように見受けられます。スウェーデンのような国の経験から、就労とともにより高い出生率を組み合わせるということは可能であり、それが日本にとって必要なことであります。

そして人口構成にかかわる三つある問題の中の二番目は、人的資源であります。かつて批評家たちは、とりわけ１９６０年代、70年代、そして80年代には、日本の主要な資源とは人的資源であると言っていました。日本には石油や銅やその他の天然資源はありませんが、日本は人々、すなわち人的資源を通じてその偉大な繁栄を成し遂げてきました。また、高度成長期に日本を分析する際に私たちがよく話していたことでありますが、日本の人的資源に関して大いに貢献するところとなったものは、密接な労使関係であると。そして今日、日本の教育水準はとても高いところにあります。世界の他の国々と比べても水準は高く、そしてもちろんそれに関して批判はありましょうが、若い世代で高校や大学を卒業した人たちは教育水準が高く、今日の知識社会で暮らしていくための、あるいは知識社会で働いていくためのツールが整っています。

しかしながら大いなる問題は、卒業した後にこの人的資源が無視されたり、あるいは衰退してしまうということです。どうしてこのようなことになってしまったのか、非常に大きな変化がこの日本の労働市場で起きたということが原因だと考えられます。たとえば、20年前、30年前に適応されていた労働法が変更され、それによって多くの企業がいわゆる短期的な、そして非正規雇用の労働者を簡単に雇えるようになったというのがその原因と考えられます。いまや日本のこの非正規雇用労働者、パートタイマーの割合というのは40％近くにも上っています。これは他の西洋諸国に比べても、例外的とも異常とも思えるような高率になっています。

これによってもたらされた結果というのを、非常にシンプルに簡明に私たちは語ることができます。いわゆる成長率というのが鈍化しています。これは人材に対しての投資が行われていないためです。非正規雇用労働者たちを成長させるための投資がなされていません。したがって、彼らに支払われる賃金も非常に低止まりですし、また各家庭の消費も弱含みです。そのおかげで、経済成長というのが全く見られないという状況になります。

２０１２年に選挙が行われました。それ以降、安倍首相はずっと「まもなく賃金は上がるだろう」と語っています。これは、伝統的な統計による考え方で、「日本では労働力が不足していく。そうなると、労働者に支払われる賃金も上がるだろう」

という考えです。当然これは経済学の基本的な考え方でありますけれども、でも現実にはそのようなことは起こっていません。政治家も専門家たちも、つねに「春闘」、これが賃金などに対する重要な指標だというふうに言います。もちろん来年また春闘があるでしょう。しかしながら、この春闘によってもたらされる結果というのが適応されるのは、労働人口のほんの一握りです。そして、過去よりもずっとその人数は少なくなっていると考えられます。したがって、今日一般的な労働者に春闘の結果が適応されるということはもうないのです。非正規雇用労働者数というのは増加し続けています。そして、また労働力に女性が参加しています。そして同時に、団塊の世代の人たちが正規雇用のところから退職を始めています。もしこのまま何も変わらなければ、この非正規雇用の労働者の割合というのはこのまま増え続けて、50％、いえ50％以上にもなるということが予測されます。

したがって、私は、日本の再生、回復のために何が必要かというと、まず、この労働法制というものを改革しなければならない。それも早急に行わなければならないというふうに考えます。日本の人的資源というものは、いわゆる優れた教育制度の中で生み出されますけれども、しかしながら彼らが労働力になったとたんにその優れた人的資源というのが壊されてしまいます。

では、どういう改革が必要とされるのでしょうか。それは単一の労働契約、もしくは単一の雇用権というものをすべての労働者に当てはめ、適応させるということであります。すべての労働者は、正規雇用であれパートタイマーであれ、一時的な雇用であれ恒久的な雇用であれ、そういうさまざまな背景は違っても、全ての労働者に単一の労働法制、権力というものを与えなければならないということであります。そうなりますと、非正規雇用労働者に対する保護というものが高まってまいります。その一方で、正規雇用労働者に対する雇用の安定というものは低減するかもしれません。

しかし、そのように正規雇用者に対する職の安全というものが低くなる代わりに必要になるものは、さまざまに手厚い保障です。例えば失業保険がありますけれども、失業保険の給付金を引き上げる、もしくは失業保険が支払われる期間を今までよりも長くするなど、そういったことが必要になってきます。また、失業した人に対してはすぐに新しい雇用が見つけられるように、政府が積極的に支援していく。そういったことが必要となってきます。

このシステムは、デンマークやその他のスカンジナビアの国で非常に成功を収めています。そして、これらの国ではこのシステムを「フレキシキュリティ（flexicurity）」と呼んでいます。「フレキシキュリティ」とは、「フレキシビリティ（flexibility）」、すなわち柔軟性を意味する言葉と「セキュリティ（security）」つまり保障の二つを組み合わせてつくられた言葉です。こういう制度を導入することによって、さらに人的資源に投資を行おうという懸念に対するインセンティブ（刺激）

になります。そしてその一方で、雇用者側は人を馘首して、しかし必要なときにまた採用するという能力が高まることにもなります。

30年前、このようなシステムというものは日本らしくない、日本的なものではないというふうに考えられていました。というのも、当時はいわゆる生涯雇用というものがあったからです。お話ししてきたシステムは、終身雇用というものがあったために、必要ではなかったのです。しかしながら非正規雇用労働者の割合が40％になった今、日本らしくない状況が生まれています。こういった労働者に対しては、職の雇用の保障もない、そしてまた収入も低下している、そうなると、本当に日本的なシステムというものを私たちは回復させなければなりません。そして、セキュリティ、職の保障、それに柔軟性や福祉といったものを組み合わせた、真に日本的なシステムが必要になってきます。

さて、三つ目の問題でありますけれども、それは「イノベーション」、すなわち革新です。この革新というのは、人的資源がもたらすものであります。そして、これらの人的資源は、競争、さらに世界中から集められる最善のアイデアといったものが原動力となって生まれてきます。

日本というのは技術的に非常に進んだ先進国であります。というのも、ご存じのように、今年ＬＥＤの研究に対してノーベル物理学賞が与えられた、そのことが如実にこの事実を示しています。

しかしながら、この「イノベーション（革新）」と「テクノロジー（技術）」というものは同じものではありません。革新は、新しくてより良い道、何かを行うためのより良い道を探ることです。テクノロジーというのは、それを成し遂げるためのツール（道具）の一つでしかないわけです。

本日のパネリストの中に、革新に関しては私より専門家の方がいらっしゃるのであまり言いたくはないのですが、その例としまして、ソニーのことを少し申し上げたいと思います。

ソニーがトランジスタを発明したのではありません。というよりも、このトランジスタのより良い使い方、使用の仕方を考えたのがソニーです。それによって新しい消費者からのディマンド（需要）を生み出し、すばらしい製品を生み出していったのがソニーです。

最近さまざまな革新が世界中で見られます。しかし、いわゆる技術によって世界中にもたらされた革新というのは非常に数は少なく、実際、こういった革新をもたらしたのは人々です。この人たちが新しい方法、何かを成し遂げるための新しい方法を探そうと思ってもたらされた革新が、非常に多いわけです。今日の日本を、例えば１９７０年代、80年代の日本と比較してみると、私自身もこういう職業に携わっておりましても、そのへんのことはあまりよく分かっていないところもありますが、ただ二つの言葉が目に付きます。それは「イノベーション」と「フレキシビリティ」、すなわち「革新」と「柔軟性」です。

日本に関して勉強を始めたときに、日本はこの二つの革新と柔軟性を持つ国として非常に有名でした。この二つは分かちがたく、一緒に捉えるべきものです。これがあって日本の社会のいわゆる結束というものがありました。それから、保護政策を大々的に行う政府というのがあり、日本の産業というのは大胆に改革をすることができ、そしてさまざまな問題に直面したときも、なんとか柔軟に対処してきました。思い起こしても、１９７０年代にオイルショックがありましたし、それから円高による通貨危機というものもありました。そういったさまざまな問題があっても、日本はヨーロッパの各国よりもより柔軟に対処できてきたわけです。

この日本の持つ柔軟性によってさまざまな革新が生まれました。新しい製品、新しいアイデア、それは消費者の生活に対して提供されてきたものです。それから、新しい製造方法も考えられてきました。こういったものはすべて日本から生み出されたものです。このプロセス、いわゆる柔軟性で何か新しいものを生み出していくというプロセスは、止まっているわけではありません。今現在、日本はその点において他の国に後れを取っています。ではどうしてそうなのだろうかという疑問が残ります。これに対して答えることは、そう簡単ではありません。非常に大きな疑問があるからです。短い答えを考えるのであれば、そこには二つの部分があると思います。

まず一つ目は、日本の革新が起きたのはいわゆる経済の部分からで、そこが一つの部分ということになります。輸出主導型の製造業、世界は今そういった特殊な専門性以上のところに動きを見せています。それはデジタルワールドであって、これはものづくりの世界とは異なるもので、そういう世界が出てきているということになります。全てのあらゆる種類のサービスというものは、今日では非常に重要になっています。その重要性は１９８０年代よりもはるかに大きくなっています。実際のところサービス産業というものが経済全体の80％以上を占めています。したがって、このサービス部門というものの競争力がなく革新的でなければ、製造業も含めて他のものは全て後退してしまうということになります。これは国際的にも言えることで、１９９０年以来、日本で最も革新的な企業というのはサービス産業です。楽天、ソフトバンク、ユニクロがそうです。

それから答えの二つ目の柔軟性に関しまして、柔軟性が必ずしもさまざまなものの進捗と同じように伸びているわけではないということです。世界のニーズやビジネスのニーズに合わせて柔軟性が伸びているわけではなく、それどころか逆に硬直性に取って代わられている部分もあります。特にバブル経済が崩壊して以降は、そのような傾向が見られます。

ここまで話したところで、ちょっと待ってくださいと、誰か言うかもしれません。例えば労働市場の改革は、これによって非正規雇用労働者が40％にもなっていますが、その改革は柔軟性を増すための努力の一部ではないかと指摘されるかもしれません。まさにその通りかもしれません。私がここで話している柔軟性というのは、国益の柔軟性を上げるということではなくて、いくつかの産業における大企業の柔軟性を上げるに過ぎないということです。そうすることによって、労働コストは下がっていきます。そして、さまざまな価格が削減されることによって人的資源の低下、劣化というものがもたらされることになります。

では、これらの三つの問題に関しての包括的な説明というのは、どうなるのでしょうか。私たちはそれが理解できていないわけではありません。何十年にもわたって実は説明されてきたし、十分に理解されてきた説明であります。といいますか、説明というのは、他の西側の民主主義国家にとっても共通のものであるかもしれません。しかしながら、実は日本に根深くある問題であります。それはいわゆる特定の利益、既得権益を持つグループ、そういったものが変化を実は拒んでいるということです。アメリカの偉大なエコノミストでありますマンサー・オルソンという人が、自著の中で述べています。１９６５年の著書『集合行為論』、１９８２年『国の盛衰』という著書の中で述べています。そういった特別利益グループ・団体というものが力を伸ばしてきて、そしてさまざまな形で自然の進化、それは社会と経済の進化に立ちふさがると述べています。

彼らがそういうインセンティブに強い意志を持っているのは、自分たちの特権を守ろうとする意志が非常に大きく、パワフルで、権力を集中させているからです。そして特殊権益グループから、公共の利益というものを守ろうという意志も実は弱い、そして一致していないところがあります。

ここまで、労働法制に関する物語、そしてまた革新が鈍化している話、そしてまた柔軟性が失われているということを述べて参りました。

ですから、安倍首相の第三の矢というのが必要であり、規制緩和をもたらすには必要ではあるけれど、なかなかこの三本目の矢を放ちにくいという理由でもあります。来週の日曜日の衆院選の後、このことがアベノミクスに関しての非常に重要な問題になってくるかと思います。その選挙の後、安倍首相は本当に新しい三本の矢を放つことができるのでしょうか。そのためには日本の農業であるとか医師会であるとか、日本薬剤師会であるとか、電力会社であるとか労働組合であるとか、それ以外にもある１００以上にもなるさまざまなカルテルや特別な利益団体を説得することができるのでしょうか。

ここで明確に申し上げることができるのは、日本の再生、回復というものは、金融政策だけではできないということです。日本の再生の道、それは人的資源をさらに強化し、開発していくということに尽きると思います。そして日本を再生していくためには、労働法制の改革というものを目指していかなければなりませんし、労働環境の改善というものも目指していかなければなりません。そして、それらは全ての日本人労働者のあらゆる年齢層の人たちに当てはめられ、適合されるものでなければなりません。一部の限られた人にのみ有効であるというものであってはなりません。

そしてまた、私たちの持つ柔軟性というものを回復させていかなければなりません。過去、日本人の持つ柔軟性のおかげで、私たちは革新の道を大いに進むことができたからです。回復の道は競争のプレッシャーというものをすみずみまで浸透させていかなければならないということです。製造業などありとあらゆる種類のサービス産業において競争力を高めることによって、柔軟性の回復の機会が生まれてくるのです。

こういうことは本当に成し遂げることができるのでしょうか。私は常にそれは成し遂げることができると思っていました。今でもそう思っております。実は私は楽観的にそういうふうに考えています。することができると思います。ここ岡山の人たちも皆そういうふうに望んでいるのであれば、それはきっと成し遂げることができると思います。

基調講演Ⅱ

世界から見た日本　～アジア・日本のOpportunity

出井伸之（クオンタムリープ株式会社CEO）

出井伸之

クオンタムリープ株式会社代表取締役ファウンダー &CEO。1937 年東京生まれ。
1960 年早稲田大学卒業後、ソニー入社。海外駐在、オーディオ事業部長、ホームビデオ事業本部長などを歴任したのち、1989 年取締役就任。1995 年から 2000 年まで社長兼 COO として、2000 年から 2005 年までは会長兼グループ CEO として、約 10 年にわたりソニー経営のトップを担った。2006 年 9 月に新産業・新ビジネス創出を目的にクオンタムリープ株式会社を設立。

著書

『非連続の時代』(2002)、『日本大転換』(2009)、『迷いと決断』(2013) 他多数岡山にはしばしば来ておりまして、源吉兆庵の岡田さんのところにキッシンジャー氏が呼ばれた時に、ベネッセの福武さんと一緒に行き、「こんな岡山にキッシンジャーが来るんだ」と大変驚いて岡山を見直したこともありました。そして、今朝、岡山に着いたときに乗ったタクシーが小嶋さんの両備タクシーでした。また、つい先週、ＥＯＹという世界のビジネスコンテストの日本大会を行いました。私が委員長をさせてもらっていますが、そこでの去年の優勝者はクロスカンパニーの石川さんでした。それで、知り合ったばかりで「岡山に来る時には、行きますよ」と約束していたので、今日の午前は岡山の本社に寄ってきました。大変素晴らしい会社で、これで前よりは、少しは岡山のことが分かるようになったという気がしています。

私は日本の地方創生とか地方をどうすべきかという内容で、日本各地でスピーチをして歩くことが多いのですが、私から見て岡山は大変恵まれた地域だと思っています。先々週は鳥取に行っておりました。サンヨーが撤退してその後どうするかということだったのですが、ものづくりがなくなったのは大先進国じゃないかと言っていたのですが、本当に岡山はバランスの取れた良い所だと思っています。

今、私はかなりの多くの時間、ベンチャーを支援するということをやっていまして、いろいろな会社に関わっています。例えばこれはスポーツタイプの電気自動車で、京都発ベンチャーの製品です。先月やっと公道走行の認可が取れて街を走れるようになり、初のオーダーを取っているところです。ちなみに価格は800万円です。それから、その横にあるのは東京のテラモーターズという会社で、アジア向けに電動二輪を作っています。もちろん日本へも売っています。こちらのものはウェアラブルの時計で、ヴェルト（VELDT）というベンチャー企業が今月売り出すところです。また、私は何もものづくりのベンチャーを助けているだけではなくて、ITの企業なども助けています。こういう企業が日本でもどんどん出てくるということが、日本の変化において望ましいわけです。それを阻むものというのもたくさんあって本当に大変だと思います。『フォーブス』という雑誌の日本版の創刊号が8月に出ましたが、先ほど話したヴェルト（VELDT）の代表・野々上さんと私がその表紙を飾りました。若い人たちとシニアの人との組み合わせで日本をより元気にしていくということが『フォーブス』の新しいポリシーということなので、それは私のポリシーと似ているので使ってもらいました。

私は今、三つのグローバル企業のボードメンバー（取締役）をやっています。まず「アクセンチュア」。ここはITを中心としたコンサルティングファームで、全世界に30万人の社員がいます。それから「レノボ」は中国のPCメーカーで、IBM、NECのPC部門を買収し、今や世界一のPC企業になっている会社です。この会社はものすごくアクティブで、登記はアメリカで、上場は香港で、役員会はすべて英語という会社です。そして「バイドゥ」（Baidu、百度）は、中国版グーグルです。この会社も、私が知り合った時はまだ本当に小さな会社だったのですが、あっと言う間に大きくなりました。中国のデジタル業界大手は「ＢＡＴ」といわれ、「Ｂ」はバイドゥ、「Ａ」はこの間ニューヨークに上場して有名になった「アリババ」、そして「Ｔ」はテンセント（Tencent）という会社です。バイドゥは主には非英語地域を中心に検索エンジンの会社として世界を狙っている会社です。ここもケイマン諸島に登記で、ナスダック上場をしています。ちなみに日本ではそういうことは法規上できません。私が中国の会社というと、皆さんには偏見があり、コピーばっかりしているんじゃないかとお思いでしょうが、ものすごくアクティブに世界的にやっている企業がたくさんあるのです。私はそれぞれの会社のボード会議に出るたびに、日本の企業ももっとがんばらなくちゃいけないなということを強く思っております。

　それから日本の企業を二つ紹介します。「マネックスグループ」というのはネット証券グループで、皆さんの中にもお使いの方もおられるかもしれません。もう一つが「フリービット」という会社で、今は格安電話と言われるＭＶＮＯ事業も展開しています。B to B to Cというインターネット電話で、ＮＴＴドコモから番号をもらって売るということをやっています。インターネットを中心とした携帯電話で、安いのは結果であって、格安で作っている訳ではないのです。そういうふうに、つの会社の社外取締役をやっていて、それ以外にはさっき話したように若手の人たちを支援しています。

私は今年77歳なのですが、毎日忙しく暮らしているので、なぜ忙しいのかという本を書いたら、などと言われています。先ほどエモットさんも言われていたように、私は定年という言葉は嫌いです。若い人に、「ジイさんがいばっているじゃないか」と言われます。後で説明しますが、いい学校を出ていい会社で働くという時代は、もう完璧に終わったと思います。人生長く働くためには、自分自身の価値を作っていかなければいけないということがポイントになります。そこが今日の一番のポイントです。

私は、早稲田大学、ハーバード、中国の清華大学、東京医科歯科大学と、大学のお手伝いもしています。清華大学ではアドバイザリーボードをしていて、この大学は本当に熱気にあふれた大学・大学院です。ここに行くたびにアジアのMITだなとつくづく思っています。就実大学もここを抜くぐらいの学校になると良いと思います。清華大学は理工科系の大学です。先月、このアドバイザリーボードに行って会ってきたのが、アップルの社長のティム・クックさんです。この写真に二人が写っています。その右が、上場で有名なジャック・マー（アリハバ社長）です。そして、真ん中にいるのが中国の朱鎔基の息子で、CICC（中国国際金融）という大きな金融会社のＣＥＯをされていました。今はそこを辞めてこれから何かやるぞと言っていました。こういうふうに、アドバイザリーボードにもすごい人を集めており、活気のある大学です。

私は日本で必要なのは、エモットさんが話されたことと似ているのですが、「グローバリゼーション」(globalization)をどういうふうに考えていくかということだと思います。私はグローバリゼーションは英語を学ぶことではないと思っているのです。やっぱりグローバリゼーションは日本そのものがグローバルになっていかなければいけないわけで、英語をしゃべるからグローバリゼーションというわけでもないのです。それから、この頃のイノベーションは昔のイノベーションとはかなり違っているのです。さきほどもソニーの例を挙げましたけれども、ソニーはトランジスタの成長で伸びたわけです。しかし今やトランジスタという言葉さえないぐらいです。今はＣＰＵのロードマップ、またはインターネットのロードマップで企業は成長しなければいけないのです。そしてこれがものすごく速いのです。そういう意味で、ソニーの伸びた時代というのは、私が入った時と出る時の売り上げから比較すると、１００億の会社に入って出た時は8兆円なので、８００倍~１０００倍伸びているのです。そういうのはどういう時代だったのかと考えてみると、よくわかるのです。

ソニーの話にはこれ以上深く立ち入りませんけれど、もともとイノベーションというのは社会的ニーズと技術的シーズがあって、その交点に生まれるものです。これはどこにでもあるのですけれども、ソニーができた１９４５年前後と今の２０１５年というのは、全く社会的ニーズは違います。１９４５年にソニーができた時は本当に焼け野原の東京で、みんな何も持っていなかったわけです。そういう時と今のように何でも持っている時のイノベーションは当然違ってくるわけです。ただ、イノベーションは企業にも求められますけれども皆さんそのものにも求められるわけです。

少し今日の話から離れますが、過去の日本が良くないとか大変だということを言われるのですが、私はそのように思いません。ここで私はいくつかの本をご紹介したいと思います。まずは『文明崩壊』と『文明の衝突』について。『文明崩壊』という本で著者のジェレド・ダイアモンドは、日本の鎖国時代、つまり明治維新前ですが、この時期をすごく褒めていて、鎖国したために日本が独特の文化を築いたというのです。もちろん鎖国といってもオランダとか中国とは国交を持っていたわけですが、西洋と国交を絶って鎖国状態であったために、日本は植民地にもならなかったし疫病もはやらなかった。森林も今は木が腐るほど森は十分に充実しています。多くの国に行くと森ははげ山のままだということを見ても、日本の鎖国の時代というのは徳川幕府が頑張っていい国を作っていい伝統を作ったということです。われわれは鎖国の負の部分ばかりを聞くことが多いですけれども、鎖国のいい面というものも正しく評価すべきです。その頃日本は３０００万人ぐらいの人口でしたが、それでこれだけの文化国家になれたということは、大変な奇跡であり「奇跡の国日本」と書いてあります。

次にこの『文明の衝突』。なぜこの本を私が取り上げたかというと、これは文明の衝突は必ず起こると書いた本です。世界を宗教や地域で８つか９つの文明圏に分けると、日本だけ一国だけで「日本文明」ということに分類されるのです。この本の文庫本シリーズで、日本だけが抜き出しになったものがありますので、気軽に読めると思います。日本というのは、ものすごいことを過去にやってきて、現在こういう国家になったんだなということからまず入っていかないと、次にどう変わるかといった時に見えなくなります。日本は世界的にものすごくいいことをやってきて、今の日本はここまできているんだというふうに考えています。ただし、この『文明の衝突』では、日本はいつも大国に擦り寄っているとのことです。大英帝国に擦り寄り、アメリカに擦り寄り、この次は中国だと書いてありました。中国に擦り寄ることはないと思っていますけれども、どういうふうに日本がこれからやっていくかということは日本の外交のビジョンとして非常に重要な点だと思います。できればこの本を読んでいただきたいと思います。

さてここで、世界の波をもう一度おさらいしてみようと思います。明治維新が起きた時というのは、ちょうど日本がアメリカに開国を迫られていて、世界中で植民地戦争ばかりやっていたころです。ですからイノベーションのドライバーは国で、目的は戦争だという時代が100年続いたわけです。日本は西洋文明に追いつくために、この植民地戦争に加わって韓国を攻めたり、台湾も私が子どものころは赤く塗ってあった日本の国でした。そして、1945年に日本は負けるわけです。1850年から数えて約100年で世界の変革というのは終わります。その後、日本はいわゆる「総中間層社会」に入ります。要するに戦争は止めて兵器は作らない、そしてソニーとかホンダのような会社が伸びたのがこの時期です。日本は全くのゼロで廃虚から育ったものですから、頑張ろうというスピリットはすごくあったわけです。そこにソニーの場合はトランジスタがでてきて、トランジスタというアプリケーションを初めて作って伸びたのがこの50年なんです。ですから、「Japan as number one」などと言われて、「21世紀は日本の時代」だと言われたのは、工業製品を民間の消費用にたくさん作ったという時代なのです。この時代に必要とされた人材というのは工場で使われる従順な人たちで、基本的にはものすごく型にはまった人たちをつくっていたのです。私は早稲田大学の評議員議長を8~9年ぐらい務めていました。早稲田のような大きな学校というのは、規模が大きいから個性的な者よりメモリー中心型の教育が多いわけです。ですから、この期間の教育とこの次の時代に要求される教育というのは、大きく異なってきているわけなのです。アメリカの冷戦が終結し日本のバブルが崩壊し、アメリカはＩＴ金融産業が躍進して、そこのマーケットというのはほとんど日本が工場として取りました。ですから、アメリカの第二次産業の労働者というのは、だいたい8％ぐらいしかいないわけです。そういう面では日本は世界の工場として隆々として栄えていました。

その次に１９９０年から日本はバブルが崩壊し、経済が沈滞するわけです。その時代の変化として欠かせないことは、１９９５年にインターネットができたということです。このインターネットのアプリケーションが金融でした。日本では、今銀行に行って何かしようと思うと、いちいち何枚もの書類を書かされます。あれには全くインターネットが金融に伸びて使われていない。アメリカの金融はグローバルに伸びて、ゴールドマン・サックスなどをはじめ投資銀行が隆盛を極め、最後はリーマンショックまで起きて自己完結します。このＩＴと金融産業というもので著しく伸びたのです。またこの時代日本のできることは、中国、韓国・台湾の3国の組み合わせで全部できるようになりました。労働力が安いわけですし、サムスンなんか国家企業みたいなものですから、半導体の規模などもものすごく大きい。そういう意味で、日本が得意としてきたものづくりにおいては、例えば日立は日立で半導体から何から何まで全部作っているし、ソニーも自社で全部やっているという縦型の社会。ここに、横の生産専門会社がでてきたのです。例えばアップルは工場を持っているでしょうか。持っていませんね。日本は縦型で、他の国は横型との組み合わせになってきたのです。よく日本はバブル崩壊だけ考えてバブル期がダメだったと言っています。しかしあれはサッカーで例えると、自分でオウンゴールをやったようなものです。それまでの金融政策の失敗みたいなものが国を壊していくということです。この辺りは、リチャード・クーさんの著書を読むといろいろと勉強になります。

世界の変革のスピードは、第二次産業革命から第二次世界大戦の終結までに１００年。その次が50年、それから現在までにＩＴが伸びて25年ということで、１００年、50年、25年と倍速で変化しているのです。そして今が２０１４年ということで、今モバイルインターネットが出てきました。皆さん、よくメタデータとかいろんなことを耳にされると思います。それは基本的にはもう個人のポケットや腕の中にスーパーコンピュータを持っているようなものになるので、これからはこれが人の働き方を変えるわけです。ですから、学校もそれに合った教育をしていかなければならない。考えるべきは本当に個人の力です。個人がいったい何ができるのかということを考えないで、標準的な全部の教育を受けた人々ができても、世の中はそれを必要としないのです。先ほどビル・エモットさんが言われたように、確かに日本の労働協約が非正規社員を要求したということもありますが、周りの韓国とか中国とか台湾とかベトナムとかそういう所の労働力に対抗するには、全部正規雇用して安いものをたくさん作るというようなことは全くできないのです。要するにこの50年の間に、日本の会社はものすごくファットになったのです。しかも、労働協約があって、人の首を切ってはいけないのです。つまり企業にとって全く不必要な人も抱えていなければいけないので、窓際族だとかいうことで会社では人が余っているのです。そういう人に辞めてもらうためには、ほぼ一生の退職金を出さないと替われないということがあるのです。

たとえば、A社とB社が合併しようとします。アメリカだったら人数は減らせます。でも日本の場合はA社とB社が合併しても、人の人数は変えられないということになっていて、変化ということを拒む法律がたくさんあるのです。今でも会社ではたくさんの人たちが余っていて、どうやって辞めてもらうかと苦労しているのです。いっぱい辞められても困るけれど、実際に会社の寿命が短くなっているというのも事実なのです。ですから、そういう面では、日本が本当にフレキシブルな社会になるためには、日本の企業がレイオフ（解雇）する権利がない限り成長はしません。でもそんなことをすれば大変なことになるので誰もそういうことは言わないのです。

非正規雇用がいけないということだけを言っていますが、本当に非正規だったりその会社に一生勤めなければいけないということはありません。そういう面では、戦後の日本の成長というものは、教育の画一化と東京への一極集中、終身雇用、年功序列、企業内組合、55歳までいないと退職金が出ないという退職金制度が支えました。そういうことになるとみんな仕事が無くなっても辞めないというすごく安定した社会になって、いい面から言うと、日本は中間層が非常に分厚い。明治維新前をちょっと考えてみてください。貴族がいて、侍がいて商人が少しいて、それから農村です。中間層というのはあまりなかったのです。ところがものづくりができてたくさん作れるようになってから、日本では一億総中流みたいになって、格差社会がいけないと思い込んでいるのですが、格差の少ない社会はほぼ日本ぐらいで、社会主義であるはずの中国の人に「最も労働の賃金で社会主義の国は日本だ」と言われました。中国でもベトナムでもどこでもそうですが、やはり一部の金持ちと極貧の層というのはアジアの中ではめちゃくちゃ多いのです。

今、アメリカがそうなっていて、1％の人がGDPの半分ぐらいを取っています。日本は悪い点から言えばリジッドな社会ですが、いい面から言うと、技術もあるし中間層の人たちもいて、それからウルトラリッチの人たちも本当に少ししかいなくて、非常に良いバランスが取れている国なのです。また、社会の平和というものもあるし、これは結構良い点がたくさんあるのですが、ダイナミズムがないのです。

ダイナミズムがないというのは一つの理由だけではなくて、母親にしてみれば、子どもにはいい学校を出て有名な会社に入ってほしいと思うものです。でも、有名な会社がその人が定年まであるのですかということから考えると、ないのではないかと思うのです。それぐらい今は変化しています。ですから、日本でも一部のお金持ちと多くの中流の人たちと、格差が出てきたとよく騒いでいますが、外国などに比べると非常に中間層が多いのです。もちろん病気とか老人だとかいろいろな問題は多々ありますが、今のところ非常に安定した国なのです。

ですから、「日本の失われた20年」とわれわれが自己批判している中で、「では、日本はどうしてこんなに遅れてしまったのか」と考えてみると、私は二つの問題を指摘できると思います。一つは人材の問題です。これは今後いわゆる大量生産ものづくりというトヨタ、キヤノンとかそういうふうな会社を前提として、人材を全体に調和するような人たちを雇い入れることが問題だということです。皆さんがこの学校で二十歳だとすれば、卒業して10年も経つと世の中がものすごく変わっていると思います。そういう意味では学校側も、入試センターのようなもので人を選択していて、メモリーが良くて試験の答案が早く出せるような人を良としていたら、本当に次のところでは使い道のない人だけを育てるという結果になるのです。就実学園は古くて伝統のあるところで、新しいことをやり始めた学校だと聞いています。本当に教育はいったいどうなるべきかをぜひ考えていただきたい。

さらにもう一つ、30年前のコンピュータを使っている人はもういないと思います。Microsoftでも、ＯＳはどんどん変わってきて、Windows 7の次の8で大失敗して、次は9ではなく10を出そうと言っていますが、要するにどんどんＯＳが変わるのです。OSはコントロールするシステムのことですが、日本は経済産業省がコンピュータの担当で、総務省が通信担当で、そして両者は仲が良くないのです。そんなことがあり得るでしょうか。通信とコンピュータの区別なんてできないではないですか。それで一つのことをやろうとすると、例えば仙台の街を復興しようと思ってやると、縦割りの省庁から全部から認可をとっていかないといけないのです。そんなことでは、福島なんてどうなるのでしょうか。

今度の選挙も、福島の原子力問題をどうするかという議論は全くありません。というのは、これを考えるのはアプリケーション毎に切られた人たちですから、歯医者に行って風邪引きましたと言うのと同じぐらいのことです。歯医者の中でも、違うセクションが40あります。歯だけで40あるのだから、人体からみればどれだけの専門家に割り振りするかということです。ですから、この日本の社会のOSをどのように変えていくかということは非常に重要なことで、これは地方行政も含みます。要するに「中央の行政の仕組み×地方行政」ですから、東北の震災後、知事がいかに何もしなかったかというのが方々で言われています。それは結局、中央の省と県知事との間というのは、本当に縦横の規制が取られているわけです。ですから、この日本の社会システムの遅れというのは、本当に変えなければいけないのです。

一方で、そんなに簡単には変えられないと思います。「岩盤規制」と安倍さんは言っていますが、安倍さんを批判しているわけでも「岩盤規制」が悪いのでもなくて、システムそのものが悪い。そこを直さない限り、規制は変わらないということです。そこが問題点だと思います。日本企業のトップの会社の時価総額が書いてある表があります。トヨタ、ソフトバンク、三菱ＵＦＪ東京、三井住友、ＮＴＴドコモ、ホンダ、ＮＴＴ、ＪＴ、ＫＤＤＩ、みずほ銀行。時価総額トップの10社というものを足し合わせたら約89兆円になります。その隣にあるのは、１９９５年以降に創業したアメリカの会社のスタートアップカンパニー10社の時価総額をとった表です。トップテンとは言いませんが、AmazonとかFacebookとかGoogleとか、皆さんにもおなじみの名前で出ていると思います。この95年以降にできた会社というものの各々の時価総額というのは、１０５兆あるわけです。今は円が安いですから換算し直すと、もっと差が出ていると思います。

この前、アリババが上場したとき、１社だけで20兆でした。こういうふうに株式の評価をしているということは、日本というのはスタートアップカンパニーで95年以降にできた会社というのはないということなのです。つまり、さっき言った50年の間にできた会社はないのです。一回世の中が変わらなくてはいけないというようなことを言うよりも、実際には本当にどんどん変わっていくのです。この中をずっと見て比較的新しい会社というのは、ソフトバンクぐらいしかないのではないかと思います。ソフトバンクも日本を出てスペイン企業を買収したりしていて、日本の会社かどこの会社かわからなくなっていますが、そういう意味では、日本というのはいかに古い企業を大切にしていて変わらないかということが分かります。新しい企業が出てくると、古い会社の規制によってなかなか変われないというような仕組みが目の前にあるということだと思います。

しかし、医療にしても人工知能にしても、いろんなことの変化が起こりかけているところなので、そう簡単に待ってはいられない時期だと思います。日本は第一産業革命ではうまく乗り越えました。第二次革命のインターネット革命ではつまずいて、そして今は第三の革命がでてきました。この第三の革命は産業そのものが変わる時代、そして専門性が求められる人材が必要になった時代なのです。

インターネットモバイルだとかを持って会社に行くと、今までの机の上のパソコンよりもよほど優秀なデバイスを持って会社に行くことになりますから、会社そのものも変わっていかないといけない。例えば、岡山担当の生命保険を売る優秀な人が一人いるとすると、その人は生命保険会社に勤めるだけではなく、他の企業の営業なら何でもできるわけです。そうすると、会社というのは1社で一人がずっと一生やっていくのではなくなります。その人のできることをその人に頼むという時代になってくると、複数の会社で働く人が現れても不思議ではないのです。そういう時代に変わってきて日本の法律がどうであれ、終身雇用はどんどん壊れつつあるというふうに考えられるわけです。

ですから、そういう世の中にわれわれはいて、では学校教育をどうするか、日本をどうするかというと、課題はたくさんあります。今、われわれはインターネット革命に乗り遅れたと言いましたけれども、本当に今起こっている革命というのは、データ分析の革命です。それはＢＩＧデータといわれています。データだけでは何の価値もなく、データを分析して例えばローソンに行って買った人のことを分析するよりも、なぜ買わなかったのかを分析し、人間との行動をコンピュータで分析して事業をやるというふうに変わりつつあるのです。

　このデータ分析革命というのは、次のステージにもう来ているところですが、これを話すと、多くの企業が「うちはインターネットは弱いんです」とおっしゃります。それはいわゆる売り上げとか在庫とかを考えるＩＴのほかに、そうではなくてもっと会社としての社員がどんなコミュニケーションを外でしているかということでその企業の価値が分かるぐらいのことです。そういう意味ではデータ分析というものはものすごい勢いで進んでいるのです。例えば私が役員をやっているバイドゥでは、サンノゼに中国系アメリカ人のデータ分析のトップを引き抜いて、ディープラーニング（深層学習研究センター）のラボを作りました。こういうことをやっている日本の会社はあまりない。そういう面でも、世の中はものすごく変わっています。

　それから、変化でいうと『２０４５年問題～コンピュータが人間を超える日』という本が出ていますけれど、ＡＩ（artificial intelligence ＝人工知能）がどんどん進化してくると、２０４５年にはこのartificial intelligenceが人間の聡知を超えると言われていて、アメリカの多くの本にも２０４５年問題について書いてあるのです。コンピュータは人間が使うだけではなくて、コンピュータ同士がお互いにコミュニケートするようになるという時代が、もうすぐそこまで来ているのです。20歳の人だったら、50歳の時にもうコンピュータに使われているかもしれません。ですから、このＡＩの進歩も社会を変える一つなのです。皆さんのポケットの中にあるスマートフォンが、本当のコンピュータになるのももうすぐそこまで来ているのです。

インターネットで調べた限り日本では企業の旬は、18・1年です。ところが人間の寿命はどんどん伸びつつあって、先日医者に聞いたら「今に１００年までは生きますよ」と。なのに55年定年とか60年定年と言っているわけです。そうすると、企業の寿命がどんどん短くなっていって、定年がどうのこうのと言っているよりも、人生は初めからプランＡとプランＢを持つことが重要ではないでしょうか。ですから、一つの会社にずっといるのではなくて、自分にはいったい何ができるのか、どういうことで社会に貢献できるのかという力を持っていない限り、企業に雇われたら終わりということは、もうなくなっていくと思います。日本の企業は相当疲れて年取ってきた人間を抱えてきているということが多いわけです。この企業の旬の短さというのは、世界的に見ても先進国においてどこも同じだと思います。

ここで二つ考えなければならないことがあります。企業を経営している方々は、自分の企業のプランBを考えなければいけないということです。そして、働いている個人は、自分の人生のプランBを考えないといけないのです。先月私は中国に行きましたが、中国で1兆4000億～1兆5000億儲ける企業の社長からアドバイザーになってくれと言われました。どうしてかと聞いたら、「うちは10年後には今の事業に加えて何かをやって、ドメイン事業にする。だから、戦略的なことを見てほしい」と言われました。そこはハードウエアの会社なのですが、彼が変わりたいという方向性は全然違うところでした。そのように、多くの企業はプランBを考えていく、そういう時期に今来ているのが実際のところで、私が相談を受けるのもそれが一番多いのです。

ですから、私が皆さんに言いたいことは、就実を卒業される方はプランAで卒業されるわけですが、次にBで何をするかということも考えておくべきだということです。アメリカではダブルメジャーというのは多い。よく質問を受けることで、「うちの娘は理工系に行かせればいいのか、文科系に行かせればいいのか」と、どちらかしかないと親は悩んでいますが、それは両方でいいのではないでしょうか。数学が好きで歴史も好きという人はいるわけですから、そういう意味では、学校もメジャーごとに、つまり科ごとに限ったクローズな世界をではなく、もっとオープンな世界を作るべきではないかと思うのです。

私がマネージメントをしてみて一番重要だと感じるのは、トライアングルの関係。ＣＥＯがビジョンを決め、それからＣＯＯが結果を出す、そして会社の調和と成長をコントロールしていくのがＣＦＯという関係のように。無理に言えば、ＣＥＯがビジョンでＣＯＯが営業で、こちらのＣＦＯが財務・経理・管理ということになります。これは家庭でも同じです。うちの場合はＣＥＯが女房で、私はＣＯＯとして一生懸命働き、子どもたちが調和を保つということ。ベンチャーを見る場合でも、この三つがちゃんとできていることが、会社の伸びる秘訣です。やはり一人で全部できるわけではなく、チームでやるということで、この会社の経営の三角形が非常に重要であると思うのです。

これを人材のトライアングルという点からみると、人の力は基本的にはビジョン、アクション、インテリジェンスに分かれます。日本の教育というのは、成長期でたくさん物を作るというところで本当に基礎的な力を持っている人ばかりを集めているのではないかという気がするのです。それで、クリエイティビティのあるところは少ないのです。ですから、その面ではこのトライアングルというのは重要で、いったい自分は何に強いのかを見つけてほしいと思います。従来は組織に従属した人がえらいということで、「何かやれ」と言われたらとにかく「やります」と言う人が良かった。でもこれからは、本当に自分自身の価値を働きながら付けていくということが重要です。試験で正しい答えを出して、点数が高いのがよいという価値観はやめた方がいい。言われたことだけをやっていればいいという社会から、自分たちが価値を作っていかなければいけないのです。本当に日本が変わるならば、今の古い会社が変わるというよりも、自分たちが新しい価値を作っていく会社にしたい、そういう時代になってくると思うのです。

それでは、今後の日本の話を、残り時間でします。現在２０１４年でいうと、今年総選挙があります。東京オリンピックは２０２０年で、これはもう決まったことだからしょうがありません。でも、この中で２０２０年のオリンピックを目標とすり替えていませんか。日本が２０２０年にオリンピックをやったところで、何も日本が変わるわけではないのです。オリンピックまでに競技場をどうしようとか競技種目が増えたとか増えないとか、社会に関係ないことです。それよりも、先ほどビル・エモットさんが言われたこと、そして私が言っていることは、この期間というのは、やはり新しい気付き、また新しい動機の準備期間だということです。２０２０年が過ぎて２０２７年ぐらいまで準備するのです。

それで次に日本がどう進むかというビジョン、それから日本がジャンプしていく、私の会社の名前は「クオンタムリープ」というのですが、とにかくジャンプしなければいけないというところで、これくらいのスケールを持って日本が変わっていくためにどうするかということは、ここだけの話ですが、先ほども言いましたが、１００年、50年、25年の半分が12・5年で、その半分が6・3年でというふうに出てくると、これくらいまでの間というのは、日本はものすごく変わっていかなければいけないのです。ですから、変わっていかなければいけないことをみんなでディスカッションして、本当にどうするかということをやっていかないと、日本はこの後、本当にどうしようもない国になってしまうと思うのです。

今、インドネシアなどに行ってみると、物を持っていない、だから物を作る。中国も同じ。それに比べて、日本は今では何でも持っていて安定した国なのですが、この安定した国が何もしないでこの20~30年は続けられるわけがないのです。そういう意味で、今後、アメリカを含めて、ブラジル、ロシア、インド、中国という国がどんどん出てきて、日本は本当に小さな国として真ん中にいるようなことになってしまうのです。この中で経済力は大西洋から太平洋へシフトしています。

この資料は全日空の資料から取ったものですが、全日空ですから日本を中心に飛んでいる会社ですが、これはアジアを中心としてもほとんど同じで、そういう意味では日本のある太平洋というところが経済の中心になってきたのです。１９８０年というと、中心はヨーロッパ、アメリカだったのです。そういうところがＧＤＰが高くてアジア・パシフィックというのは20%程度だったのです。それが２０１０年には、アジア・パシフィックがこんなに伸びて来て、２０４０年には周りがこんなに伸びてくるという予想です。チャイナ、インドで、インドがチャイナを抜くというのはその後に来るのですが、とにかくこの辺の近隣がすごい経済圏になるわけです。

これが日本のチャンスでないわけがないのです。ですから、ものを大きく考えてやっていくということをやらなければいけません。もし自分で成功された会社を持っていて、グローバリゼーションの中で何をするかといったら、日本のものをそのまま持っていくのではなくて、その国のニーズはどうだということをよく考えて出ていく、そうすると絶対チャンスはあります。地政学的にみたら、アメリカからはTPPを誘われるし、たぶんシベリア油田を開発しようとプーチンさんは言うでしょうし、日本にとって、「日中貿易」というのは、アメリカよりも中国は一番大きな貿易相手であり、アジアの国であるという関係もあるので、日本は本当に有利な立場になっているのです。ですから、日本がどういう立場を取るかというと、「コンパクトな島国」、「技術開発に優れている」ということから、「安心・安全」でここから何か新しいイノベーションを作っていくというのが重要になってきます。グローバリゼーションというのは大企業で、小さな企業はローカルに根差す。一部はグローバルで、エネルギー、インフラとなると企業もいろいろとあるのですが。これがやはり社会的なニーズと技術を合わせて今アジアでどういうことを要求されているのかといったら、実際インフラだとか都市化だとか、アジアでのニーズはものすごく大きい。日本は東京があり岡山があって、都市化のニーズというのはそんなにあるわけではありません。アジアに行ってみれば、本当に人が田舎に住んでいて、トイレがない、病院がないという所ばかりなのです。ですから、お客さまはアジアで、日本が本当に真面目になってアジアのニーズを考えると、必ず新しいビジネスが生まれるはずです。

ですから、ある種多様化の日本をつくっていく。本当に社会的なニーズは多様なので、技術も多様なものにして、日本が目指すのは「メタイノベーション」、つまり日本は研究開発国家になっていくべきです。今までの経験から何でも出てくるし、他の国では考えられないほどの技術の幅を持っているのです。そこから相手の必要性を聞けばどんなイノベーションが必要かは分かるわけです。ですから、イノベーションというようなものを、例えば都市づくりもあれば教育もあれば、病院もある、全ての所で必要性のある人たちがいるアジアのマーケットを狙っていけばよいのです。そのためには、日本そのものも変わらなければいけないのです。

１９４５年の廃虚から復活した東京ですし、岡山です。そういう意味で、21世紀の後半の岡山といったらどうなんだろうと考えると、コンクリートだけの建物からこのネットワーク時代という部分に関してどういう建物がいるかとか、エネルギーはどこから送ってくるべきか、などを考えると、本当に岡山のイノベーションと東京のイノベーションは違ったものであると思うのです。横浜、川崎を入れると、東京が世界で一番人口が密集した地域なのです。そして、ＧＤＰは韓国より大きいのです。そこの官僚の言うことなんか聞いても、岡山のニーズはわかりません。ですから、岡山で考えて岡山に必要な教育、人材というものをつくっていく。そういうことが「メタイノベーション」。例えばソニーが伸びたような半導体の一つのアプリケーションを売るのではなく、総合的なシステムインテグレーションを考えるべきです。最近の日立の広告を見ていますと、「Social Innovation by Hitachi」となっています。私はあの広告を見て本当にうれしく思いました。ソーシャルなイノベーションというものを日本が総合して供給できるようになれば、何も怖くないのです。アメリカがすごいと言っても、ニューヨークからワシントンに行く間の高速鉄道は、1時間に1本しかなく、しかも何時間もかかるわけです。どうしてそこができないかといったら、ニュージャージー州がありワシントン州がありと、州がたくさんあって、国をまたいで国鉄を作るようなものなので難しい。日本は何分おきかに東京―大阪を走るみたいなコンピュータの技術といったらものすごいものがあります。ただ速いだけではありません。それを管理する技術という隠れた技術をＮＴＴが持っているのです。東京電力も同じです。ＮとかＴとかＪとかいっている会社そのものが、全然会計基準も違うし、純国営なのです。そういうところから何か新しい変革というものを日本がやっていくということが必ずできると、私は思っています。かつてソニーは「モルモット」と呼ばれながら新しいことにチャレンジし、成長してきました。日本がもっと世界のモルモットになれば、日本自体を飛躍させ、またアジアの役に立つのではないかと思っています。

パネルディスカッション

地方は日本再生の原動力たり得るか

登壇者　ビル・エモット
出井　伸之
小嶋　光信
石川　康晴

総合司会　杉山　慎策

ビル・エモット

国際ジャーナリスト。1956 年ロンドン生まれ。(10 頁参照)

出井伸之

クオンタムリープ株式会社代表取締役ファウンダー &CEO。1937 年東京生まれ。

(28 頁参照)

小嶋光信

両備ホールディングス株式会社代表取締役会長兼 CEO。
1945 年東京生まれ。慶應義塾大学経済学部卒業後、同ビジネススクール修了。三井銀行勤務を経て、1973 年両備運輸常務取締役に就任。同社社長を経て、99 年両備バス社長、両備グループ代表に就任。南海電気鉄道貴志川線や中国バスなど公共交通の再生に手腕を発揮。2010 年 5 月には「エコ公共交通大国おかやま構想」を発表し、今後の超高齢社会に向けて「歩いて楽しい街づくり & 快適で住みよい地域づくり」を提唱している。

【著書】『日本一のローカル線をつくる : たま駅長に学ぶ公共交通再生』(2012) など

石川康晴

株式会社クロスカンパニー代表取締役社長。1970 年岡山市生まれ。岡山大学経済学部卒。京都大学大学院在学中。

石川文化振興財団理事長。内閣府男女共同参画推進連携会議議員。94 年クロスカンパニーを創業。99 年に「earth music & ecology」を立ち上げる。

現在グループで売上 1000 億円、従業員 4000 名、28 カ国 1000 店舗まで拡大。宮﨑あおいを起用したテレビ CM でも注目を集める一方、女性支援制度の充実、地域貢献活動へも積極的に取り組む。

【著書】『アース　ミュージック & エコロジーの経営学』(2013)

司会　それでは今から「地方は日本再生の原動力たり得るか」と題して、パネルディスカッションに移らせていただきます。なお、ここからは総合司会として就実大学経営学部、杉山学部長にお願いいたします。

杉山　お二人の基調講演を受けまして、これからパネルディスカッションを進めさせていただきたいと思います。お二人とも非常に素晴らしいご講演をしていただいて、いろいろなインサイトが入っていて、これから日本あるいは岡山、あるいは私ども就実大学が何をすべきなのかということについてのたくさんのヒントをいただいたと思います。このパネルディスカッションから、お二人に加わっていただきます。両備ホールディングスの小嶋会長、それからクロスカンパニーの石川社長に入っていただきます。

エモットさんのご講演の中にもありますし、それから出井さんのご講演の中にも入っていたと思うのですけれども、やはり産業構造が随分変わってきています。特にサービス化というふうなことがすごく大切になってきているというお話があって、冨山和彦さんがなぜローカル経済から日本は蘇るのかというようなことで、「東京一極ではなくてこれからはローカルで変えていけ。それにはサービス産業が基調になるよ」というお話をされてます。

今、小嶋会長は、南海電鉄の貴志川線とか井笠鉄道とかの再建もされ、いわゆるサービス産業のある意味ではチャンピオンみたいな方です。まず最初に小嶋会長からお二人のご講演を受けて日本の経済全体をどう思うのか、産業構造の変化とか、そんなことのお話を少ししていただけたらと思います。

小嶋　ビル・エモットさんと出井さんとこうやって一緒に並んでいるだけでインターナショナルになっ

たような気がします。本当に今の日本が置かれているポジションというのは一番大事な時期だと思っています。

日本の経済状況はどうかというと、私は一昨日、養老鉄道という三重県から岐阜に走っている地方鉄道をどうやって再建していくかというお話をしてまいりました。その前は江田島に行きました。今、全国で、地方の鉄道や路線バスをどうやって残していくかということをみんな真剣にやっています。一言で言うと、今の日本の地方の現状というのは金がない、人口がどんどん減っていって元気がない、この二つのファクターがどこに行っても共通です。ですから鉄道の再生をするにしても、現時点で黒字にしたとしても、毎年2%ずつ落ちていって20年後にマイナス20%になったときに経営ができるのかとか、そのへんのところが一番のポイントで、景気がどうのこうのとかいう以前の問題が、実際のところは地方に大きく影響しているのだろうと思います。

今のアベノミクスの経済の状況は、一言で言って「気が変わった」ということです。今までの鬱々した失われた20年間が、安倍さんの顔を見て少し良くなるかなという気持ちになって、その気持ちが株高に移っていった。その株高が引き金になって景気が良くなってきた。ですから、株高、円安、東京集中景気と言ったらいいんじゃないかと思います。

地方はその中で、株高だとか円安だとかそういうものの影響が及ぶところは、ちょっと良くなったという気がしますが、そうでないところは何が変わったのかという感じでしょう。結果的には消費税が上がって可処分所得が下がった。円安になって、基本的にはエンゲル係数が上がった。それが今の地方の置かれている位置じゃないかと思っております。

エモットさんと出井さんのお話に対して、われわれは実務家としてもっと現実的な話をしていかなければなりません。日本がこれから良くなっていこうとする一番のポイントは、基本的には中央集権という低開発国型から、基本的には地方主権という先進国型に変えなければいけません。維新の頃や戦後は中央集権は良かったのですが、これを長くやりすぎたのです。

昔、たった300藩でこの国を運営していたのが、これだけ交通が便利になった今でも1742の市町村があるのです。これはもともと明治政府になったときに、地方に力を持たせないように一つの藩を10以上に分割しました。これは地方が力を持たないようにするための政策で、今までずっと続きました。だから地方はどんどん力が衰えたというのが現実です。したがって、分権とかそんなつまらないことではなく、地方自治にしなきゃならない。

それからもっと地方を駄目にしたのが、「税の一極集中」です。東京に本店があったら全ての利益がいく。これは間違いですね。付加価値の生まれたところに税金が生まれるべきであって、たった1億3000万のうちの数千万しか住まない大都市にだけ税金が落ちているように思うのは、これは大きな間違いです。実は工場は地方に、田んぼも地方に展開していて、そこで働いている人たちが収益を生んでいるということを忘れてはならないと思います。

基本的には地方徴税に変えていくことが一番大事です。今、地方がどんどんその力を失っているのは、全部中央から、自分たちが払った税金を今度は補助金とか交付金という形でいただかなければならないんですね。それに全部色を付けられてしまう。ですから各地を回ってみると、首長さんたちが等しく言うのは、「色の付かない金をくれ」「俺たちで考える」ということです。東京で考えたことを「これをやれ」とか、「お前たちいいことをやったら少しインセンティブをやるぞ」みたいに、東京のコントロール下に置かれています。簡単に言うと財布の紐を握られているということです。それが一番の問題だと思います。

それから日本の財政の問題が非常に悪いです。実のところ、親父が子どもからお金を借りているというのが日本の姿です。よその国から借りているわけじゃないんですね。個々人からお金を借りているのです。では財政を直すのは難しいかというと実はそんなに難しくないんです。簡単に言うと「return to the Showa 60's」。昭和60年代の前半に照準を合わせると、1988年から1992年まで日本の財政は均衡していました。その後、先ほどのお話にもあったようなバブルがあって、大盤振る舞いをしたのです。

ですから、日本の今の財政の破綻というのは「大盤振る舞い破綻」ということであって、あまりやらなくてもいいことをたくさんやってしまった。もちろんアメリカの圧力もございました。内需の拡大ということもありました。この昭和60年代、すでに過去に経験したところにもう一回戻る努力をすれば、実は財政の均衡というのはそれほど難しくない。簡単に言うと、あまり役に立ってないものをやめれば、財政の均衡をすることは大丈夫だということです。

それから4番目です。日本社会を今、ダメにしている言葉が「少子高齢化」です。特に高齢化ですね。高齢化は問題でしょうか。出井さんを見てください。全然問題点を感じませんね。逆に言うなら、元気すぎるところが問題かもしれません。

国はわれわれの年代にレッテルを貼ってくださいました。一つは「前期高齢者」という言葉で、次は

「後期高齢者」という言葉です。私は前期高齢者、出井さんは後期高齢者。では何が問題なんですかということですよね。それは、働かないで収入がなくて、そして国から費用を負担してもらってばかりいる、要するにコストのかかる国民になってしまったら困る、ということです。

ところが、元気な高齢者は何も問題ないのです。簡単に言うと、実は秦の始皇帝の頃から世界が求めている長寿国家、日本はそれを求めて一番最初に手に入れた国なんですね。ところが誰かが、犯人は某財務省ですけれども、税金を取らなければならないので、高齢化が問題であるということを徹底的に言ったんですね。

実は高齢化なんか問題でも何でもないんです。それは長寿化ということで、おめでたいことなんです。世界が求めた一番の宝を手に入れていながら、それを問題にすり替えたんですね。私の年代、前期高齢者、お国にご迷惑をかけている人はたった5％です。95％の人は元気。出井さんの世代、基本的にはお国に迷惑をかけているのは20％。80％は元気に社会で自立しています。95％、80％の人たちが元気でやっているのに、何が問題なんでしょうか。そこのところを日本の場合はマインドコントロールされてしまって、いかにも歳を取ることはよくないという気持ちにされてしまったんですね。「前期高齢者」「後期高齢者」の言葉はやめてほしいですね。

それから還暦の60歳もやめるべきだと思います。新還暦で70歳。古稀、私は来年古稀です。全然、私は古くも稀でもございません。普通でございます。まあ、古稀は90（歳）でしょうね。新古稀で。やはりそういうふうに新しい時代に変わって、何でもかんでも悲観的に物事を考えるように作って、税金をたくさん取ろうなんていう根性が、実は日本を悪くしているんだと思っております。

それから5番目は、「東京集中の高学歴社会」です。少子化が大変だと思われているけど、少子化なんて1%ぐらいのものです。問題なのは、ここの地域で生まれてからずっと小学校、中学校、高校まで育てて、ワンウエイ（1way）切符を持って頭のいい子は東京へ、次に頭のいい子は京都・大阪へ、全国に散らばって行ってしまって二度と戻ってこないことです。そして親が歳を取ったときの面倒も、子どもたちの養育も、すべて地方にツケを回そうとする。それはつまらない組織の仕組みを作っているのであって、これを直さないで、少子化だなんて思ったら大間違いです。子どもたちがガサッと全部いなくなるのですから。特に、地方に行けば行くほど、そのスピードは激しいということが言えると思います。

そして6番目。先ほどエモットさんからもこういう話がありました。昔は日本は人材でこの国を伸ばして、今は革新が足りないと言われました。なぜ革新が足りないか。なぜ日本の労働者は力を付けなくなってしまったのか。簡単ですね。コスト競争をしたからです。要するに中国や安い賃金でやっている国の人たちと、同じものを作っていると勘違いをして、いかに安いものを作るかという競争をしてしまったんです。大量生産、大量消費では敵うわけがありません。

基本的には日本は先進国化したときに、大量生産から付加価値型の商品に切り替えていかなければなりませんでした。多品種、少量のものに切り替えていくことによって、今度は価値を売っていく。マーケットの70億の民の中から下のところを狙うのではなくて、中から上のところを狙うのです。中から上の人材がどのぐらいいると思いますか。世界で今、70億の民がいますけれども、約20%、少なくとも10%。ということは、14億人から7億人の、いわゆる中高級品を買う人たちのマーケットがあるわけです。そのうちの約１５００万世帯ぐらいが、今すぐに2億円を投資できるような富裕層です。そこに向けて本当にいい商品を売っていく形にすれば、技術革新やサービス革新、能力の開発が生まれます。ところが、いかに賃金を安くするかということだけに目を向けてしまったために、教育投資なんかしたらコストがかかりますから、どんどん安い賃金の人たちを求めていった。それが今の日本の産業を非常に扁平なものにしてしまったのです。

私は今、鉄道の再生をやって、「交通政策基本法」という公共交通の地方の法律が一つできました。次に手をかけているのは、地方を元気にするということです。この前、瀬戸内市と高島屋と備前長船の刀工の方に集まっていただいて、日本のゾーリンゲンを作ろうと提案いたしました。なぜか知ってますか？ドイツの人たちが今、日本刀をものすごい勢いで買ってるんです。日本刀がすごい技術だということを彼らは知っている。なぜ知っているか。ゾーリンゲンを持っているからです。

ところが、刀工に説明をしてもらって、私はびっくりしました。刀は好きだったんですけど、知らないことだらけでした。まず、近代製鉄の高炉で作っている鉄よりも、日本のたたら製鉄で作った鉄の方が、極めて純度が高いということです。ピュアな鉄ができるんですね。そしてそのピュアな鉄を、軟鉄と鋼鉄を重ね合わせて鍛造して刃を作ると、曲げても折れないという刃ができるのです。そしてその刃を磨ぐ砥石を見てびっくりしました。砥石というと平らなものをお考えになるでしょうが、違います。かまぼこ形の砥石です。どうやって研ぐのか。実は、ゾーリンゲンにしても刃物はみんな先がとがっています。日本刀の刃は蛤刃といって、蛤みたいな形をしているんです。この蛤みたいな形に刃を研ぐというのは、真っ平らな砥石では研げないんですね。かまぼこ形のもので研いでいくのです。

なぜこの蛤刃にするか。日本刀というのは、基本的には刃こぼれしない刃物なんです。ですから実戦で使ったときに、長い期間研がなくても戦っていける。刃がこぼれない。私はその技術を聞いてびっくりいたしました。そして刀工がこう言いました。私たちはクラフトマンにされているけれども、アートの人間にしてほしい。一所懸命売っているけれども、クラフトだったら高い値段で買っていただけない。アートになったら、基本的にはいい値段で買ってくれる、というふうに言いました。

私はそのへんのところに大きな答えがあると思っています。日本は大量生産と大量消費から、地域というものに根ざした技術だとか品質であるとか、そういうものをうまく使いながら、多品種、少量の世界に入っていって、世界の中流の上から富裕層を狙ったマーケットで大きなシェアを取っていくというように、産業を切り替えていくということが日本を元気にする大きな理由ではないかと思っています。

今言いました6つのポイントがあります。一番大変なのは何かというと、簡単です。霞ヶ関と永田町です。ここが難しくて、結果的に25年間何をやっていたかというと、政権取りをするためにこの国を壊してしまった。今度、アベノミクスでもう少し長い期間腹を落ち着けてやっていくと新しい日本が生まれていくと思います。地方なくして中央はないのであって、われわれはその地方に持てる今までの伝統的な技術を踏まえて、地方が元気になるように、原動力たり得るかというよりは、原動力になる努力をしていかなければならないと思っています。

杉山　ありがとうございます。岡山から世界の視点に向かって考えていかないといけないということですね。最近、山陽新聞社に頼まれて、コメントをしました。岡山県は今、伊原木知事が頑張られていて「もんげー岡山」というのをやっています。今の時代は、日本の中で「もんげー」とか「うどん」とかでやる時代はもう過ぎていて、例えば直接中国のＳＮＳのウェブとか韓国のＳＮＳに投稿してもらう、そういう仕掛けをしていくと、おそらくその方が岡山は変わるのではないかということをコメントで出したことを思い出しました。

では、次に石川社長さんにコメントをいただきます。つい最近、中小企業基盤整備機構の理事長の高田坦史さんが来られて岡山でご講演されたんです。トヨタの役員をされていて、日本が成長するためには海外を取り入れるしかない。大企業、大企業というのはトヨタのことなんですけど、国内はもうダメで、売り上げが伸びているのは海外だけだということです。したがって、これから岡山が元気になるためには、海外でやっていかないといけないということでした。実はクロスカンパニーの石川社長さんは海外へもすごく積極的に進出しているので、日本経済の全般のコメントと会社の戦略についてもお聞かせください。

石川　僕の番は来ないんじゃないかなと思いながら、さっきから聞いていました。出井さんも小嶋さんもすごいパワーで、僕は小さくなっていくように感じながら聞いていました。

「少子化」という言葉があって、どう対策しますかということをいろいろなジャーナリストから聞かれます。僕は二つあると考えています。一つは、日本に子どもが少なくなっているのであれば、海外の子どもに領域を広げるしかないと。すなわち、日本の減っていく子どもたちを追いかけていくビジネスだけをやるのではなくて、中国へ、または東南アジアへどんどん積極的に出ていくことが、若いセグメントを追いかけていく会社の使命だと思ってやっています。ようやく今年、中国で１００店舗を達成しました。タイも20店舗、台湾は45店舗までになってきました。クロスカンパニーは、これからアジアを積極的に拡大していきたいと思っています。

もう一つは、洋服屋だけをやっていてもいいのかなと思っています。後ろにいる学生さんは、就実大学の学生さんですか。そうだったら手を挙げてみて。はい、ありがとうございます。

今の若いセグメントは細分化されたターゲットの中で、お金を使うことが増えていないと思っています。お給料やアルバイト代が減っているとかお小遣いが減っていることはないかもしれませんが、ただ全体的に増えている感じもしていないんですね。したがって、若い人はデフレ、いわゆる手取りが少なくなってきているかなという印象を持っています。

増税後にわれわれは洋服の観点で分析していますけれども、若い人の消費はまだ戻ってきていないようです。今年の話です。働いている女性はちょっと消費が積極的になり始めてきている。これはちょっとお給料が上がっている、ボーナスが上がってきているからと思います。ただ、大企業中心です。東京のキャリアは売り上げが上がってきているけれど、地方のキャリアはまだ上がってきてないなという印象を持っています。全般的に男性は、洋服の観点でいくとかなり動きがいいなと思っています。特に高級品の動きがいいです。若いミセス、小さい子どもさんを持たれている方々は一番倹約に入っていて、特にこの真下にあるようなイオンモールの専門店では、全国的にはしんどいなというふうに思っています。

その中でお話ししたいのは、若い人の商品をこれからの社会に向けて考えた方がいいんじゃないかなと。どういうことかというと、もう洋服を買うお金がないんです。なぜかというと、例えばゲームはたくさん買っています。それも以前のようなハードにソフトをさすようなゲーム機ではなくて、携帯電話ですぐダウンロードして300円、100円と払ってさらにそのゲームを買って、また課金する。次のステージへゲームを進めていこうと思うと、一部お金をかけて進めていく。これらに1500円ぐらい使っている若い人たちがたくさんいます。それから、やっぱりiPhoneだとかスマートフォンにかなりお金を使っています。

最近では夏になると、山の中で音楽イベントがいっぱいあります。「夏フェス」みたいなものでもお金を使います。カラオケやボウリングにも行っています。昔よりも遊びがたくさんあるので、洋服だけにお金を使わない時代になっています。したがってわれわれは、このイオンの1階でアイスクリーム屋を始めました。

健康志向に着眼しています。アメリカ型のアイスクリーム屋さんは少しカロリーが高かったり、合成着色料が強かったりという背景があり、健康なアイスクリームのホワイトスペースがあるんじゃないかと思いました。それにアパレルのデザインを入れて、かなりスタイリッシュに開発してみました。すなわちファッションだけじゃなくて、衣食住の領域まで、すなわちライフスタイルの領域まで広げて、アイスクリームを390円買ってもらって、earth music & ecologyで3000円買ってもらう。以前だと服を4000円買ってもらいたい、5000円買ってもらいたいと思って商売をしていましたが、これからはアイスクリーム300円に服3000円買ってもらって、両方で3300円という事業の領域を広めるやり方もあると思うんですね。

ですから、若い人は買わないとか、若い人は人口が減っているということではなくて、海外に出ていけばいいし、事業領域を広げればもっとビジネスチャンスがあるし、日本の企業も成長できるんじゃゃないかなと僕は思っています。ソニーでブランディングをされていて宣伝のリーダーもされていて、海外のご経験もある出井さんにお伺いしたいんですが、「若い人」の消費意欲というのをどう捉えていますか。いろいろとゲームなどもやってこられたり、音楽もやってこられたと思うんですけど。

出井　「若い人」といっても、年代が石川さんはいくつぐらいのことを若い人と言ってるんですか。僕から見るとみんな若い人になっちゃうから。

石川　じゃあ絞りたいと思います。一番後ろにいる学生の20歳、ここにターゲットを絞って話をしていただければ。

出井　20歳ぐらいの人って、もう大学に行っている人は自分が理科系か文化系か分けて、どこの会社に行こうかなということばかり考えて、黒い服を着て就活をしているけど、あれを見ると気持ち悪いよね。そういう意味ですごく大人にこびた生活をしていると思うんです。そういう意味で二重生活をしているんじゃないかな。要するに、若い人だけの生活は僕たちにあまり見せなくて、大人にこびた格好をしている。あんなのはやめて、すごい格好して受験に来たらどうなるのかな…、実際は何も言わないけど…。

会社で人事部ぐらい悪いものはないですよ。だって営業だったら売らないと怒られるでしょう。企画は商品がないと怒られるでしょう。人事部は悪い人を採っても怒られないからね。そういう意味で、若い人の消費はスマートフォンありで、全部ＮＴＴドコモ・ソフトバンク・ＫＤＤＩに金払ってるんじゃないかなと。どうですか。

石川　はい、そういう時代だと思います。

出井　そこからは、クリエイティブなことは浮かばないんですよ。達成感もないわけですよ。昔だったらゲームをやって終わったんだけど、今はネットゲームで終わらないですから。次のステージでまた金を払えみたいになるでしょう。物に金を払うという習慣がだんだんなくなってきたと思うんです。

ですから若い人がもっと憧れるようなブランドを作っていくということが、すごく重要と思います。ただそこにこびても、若い女性はすぐ年を取るということです。そこが難しいところ。だって20歳の人が30歳になるのは、すぐですよ。たった10年しかないんですから。

石川　いやぁ、深みがある発言ですよね。

出井　お肌の曲がり角だってすぐ来ちゃうわけでしょう。

杉山　非常にパワフルなパネリストばかりですね。少しここでお伺いしたいことがあります。最近すごく気になっていまして、特に3・11以降、日本でどうも定常経済、stationary stateというかconstant economyというふうな考え方、要は日本は成長を遂げたのだからもういいやみたいな考え方と抱き合わせで、「これが幸せなんだ」ということを押しつけるような議論が強く出てきている感じがしています。私は、それは非常に危険だと思っています。

先ほどエモット先生も出井先生も、ダイナミックに変わっていかないといけない、ということでした。まずエモット先生に、このstationary economyとかについて、幸福論みたいな議論をどういうふうに考えておられるのか、ご意見をいただけませんでしょうか。

エモット　静かに留まっているstationaryという状態は意味をなさないと思います。というのは、世界というものはやはり変化を続けて、そこに留まっていません。また、そういう変化し続ける世界が外にある状況の中で、日本もじっとしていることが許されないと思います。人間の本能としては、やはり新しい物とか新しいアイデアを創造していくのが本能であり、それはアパレルでも電気製品でも、同じです。静かに留まっていることはできないと思います。

そして岡山もじっとできませんし、じっとしている必要もないと思います。私は小嶋さんがおっしゃったことに非常に共鳴するのですけれども、やはり東京一極集中という状況はよくないと思います。もっと岡山のような地方の都市に、いろいろな活動やエネルギー、活力というものをもたらす必要があると思います。

岡山自体がいわゆるcool、かっこいいブランド、そしてかっこいいイメージを作り出して、人々を引き付ける必要があると思います。そのかっこいい「cool」の中には、例えば教育も入ると思います。それから小嶋さんがされたような猫の「たま」を駅長に据えたような活動を行って、岡山をcool、かっこいい場所にして引き付ける必要があると思います。

杉山　日本のノーベル賞の受賞者3人で、たぶんお一人は跳ばなかったと思うんですけど、ノーベル賞の受賞者は伝統的にカエル跳びをしないといけないという leapfrogging ということがあります。ノーベル賞という高みに立ち、「もっとやるぞ」ということでしょうか。先ほど出井さんはメタ・イノベーションを目指せという quantum leap が必要なんだということでした。出井さんからコメントをいただけますでしょうか。日本には経済の成長について「もういいんじゃないの」という風潮があるということについて。

出井　日本は本当に幸せなんですよ。僕は海外から帰ってくると日本はハッピーだなと思うんですよね。それを日本の人があまり実感していません。そういう意味では日本人は恵まれすぎて、自分の良さが分かっていないということがあります。

それから、ハッピーだとかハッピーじゃないということは主観的問題です。そんなことを言うより、岡山をもっといいところにするためのディスカッションを具体的にした方がいい。先々週、鳥取県に行ってきました。サンヨーが撤退するし、人口は減っている。高齢化はひどいし、上場している会社は、鳥取県では1社しかない……みたいなっています。それに比べたら、岡山なんて本当に恵まれてますよ。地震はないし津波はないしね。ここに移住したいという人はたくさんいるわけでしょう。

それに石川さんと話した中で、文化的な貢献をしているので、岡山城に行けとか言われて行ったらピンポン台が20台ぐらいあったんでびっくりしたんです。やっぱり郷土愛にあふれたところですよね、岡山は。

ただ僕は、岡山は車が多すぎると思って見てたんです。これは小嶋さんが悪いのかもしれないけど、タクシーはワンメーター400幾らで安いし、みんな車ばっかりじゃないですか。もうあと10年たったら、みんな車の運転ができなくなったらどうするんですかね。

小嶋　簡単です。うちのバスと電車に乗っていただければ解決します。

出井　ロサンゼルスみたいに公共交通がないと、車の運転ができないと家からみんな出なくなっちゃう。そういう意味では岡山の良さというのは、コンパクトシティ岡山だと思うんです。

長いシャッター通りがあるんじゃなくて、円形のところにビルディングを建てて、岡山のコンパクトなものをいくつかやったら、本当に歩かなくてすむようになる。そこにバスみたいなのがしょっちゅう走っていて、それにポイッと乗ればいいみたいな、そういう実験はどうですか。

小嶋　私の本を読まれたんじゃないかって思うくらいよく知っておられますね。実は「エコ公共交通大国」と、言っているんですね。公共交通を使い、「歩いて楽しい街づくり」です。世界の先進的な街づくりは、車社会から脱却して、いかにコンパクトに歩いて回り、ちょっと遠いところは公共交通を使うかということです。私の描いた絵というのはＬＲＴと電気バス。郊外からは電気バスで来て、ＬＲＴの駅に着くとシームレスにそのプラットフォームに入って乗り換えて、それで町の中に入って行く。パーク・アンド・ライドとかそんなものになる。

町の中はできるだけ歩いて回ることにする。実は歩くことによって何が変わるかというと、一つは人間が健康になります。もう一つは、町が健康になるんですよ。結局、車社会の場合はpoint to pointで行ってしまうと、その間は全く空白地になってしまいます。ですから商店街とかそんなものも全部倒れてしまう。おまけに車で行ったらお酒を飲んで帰れないことになります。やはりこれからの地域の発展のためには、どうしても公共交通と歩くことを中心にしていきながらうまく街づくりを考えることが大切です。それが地方都市の良さでしょう。がさがさした東京に比べて、本当に文化と歴史を感じ、歩いて楽しい地域を作っていこうとしています。一所懸命やってるんですが、1ミリも電車は延びません。生きているうちに、何とかしようと思っているんですがね。

歩いていただくとものすごくいい街ですよ、岡山は。ですからぜひ出井さんもエモットさんも歩いていただいて、うちの夢二郷土美術館に行ってください。

杉山　石川社長さん、今の経済のハピネスの考え方と、もう一つはコンパクトシティとその公共交通のあり方みたいな話が出ました。その二つについて何かご意見は。

石川　そうですね。もうコンパクトシティについては、小嶋さんがたくさん話されたので、ブータンじゃないですけど幸福論について話します。

スピードキャリア、いわゆる早い時期に出世したいという人だけが評価される時代では、もはやないと思っています。ただ、そうなりたい人はなればいいと思います。うちの会社でも、スピードキャリアを目指す人たちは全体の1％、スローキャリアが約半分。さらに、リーダーをサポートするサポーターもすごく重要な機能だと思います。特にスローキャリアを目指す人たちとリーダーをサポートする人たちを評価する組織文化にしないと、会社はこれから伸びないし、人材の調達もできなくなるのではないかと思っています。

ですから、もう少し分かりやすく言うと、スローキャリアを目指している人と、リーダーをサポートしたいという願望しかない人に、グローバル人材になれとか起業しろとか言い続けても、たぶん死ぬまで理解しないんじゃないかなと思います。

一方で、リーダーをサポートする人に対して正しい評価をしてあげて、スローキャリアの人たちでもゆっくりとしたスピードで上がっていくことに正しい評価をしてあげれば、最終的にスピードキャリアの人たちと同じようなポジションに行く可能性もあると思っています。僕は大きく分けると三つの人事制度に分けて、それぞれに教育プログラムで、education していくことが大事だと思うのです。特に、これだけ高度経済成長が止まって、ＧＤＰも２％ぐらいしか伸びなくなって、これからどうなるか分かりませんけれども、少なくとも若い人たちに関してはすごく緩やかなマインドになってきているのは事実です。幸福度のような見解をすごく強い主張を持っている若者も増えてきている中で、がむしゃらに働けというだけの片方だけの側面だと、会社のニーズと労働者のニーズとの一致が難しくなる時代じゃないかなと思っています。

最後にまとめると、やはりスピードキャリアとスローキャリアとリーダーをサポートする人材、この三つに分けた教育プログラム、人事制度、会社が評価してあげるという仕組みが必要な時代に突入したのではないかなと思います。これは私見ですけど、国際戦略をされている出井さんはどう思われますか。

出井　もちろん人間はいろいろあるわけです。うちの家庭のことを話すと、孫が16歳なんですよ。それで宝塚に入りたいと言っている。週に3回はバレエに行っているわけです。今、高校1年生ですから、じゃあ大学は宝塚に行くなら諦めなきゃいけないわけです。そこで論争が始まっちゃってね。

彼女は、早く人生を歩きたいから大学なんか行かなくてもまずバレエをやって、その次に何をやってとか言うんですけど、人には順番がある。１００メートルが速い人に、マラソンランナーをやれと言っても無理なわけです。

僕は鎌倉の高校の説明会に行ったら、最後は６００人ぐらいの人と人生相談みたいになりました。「ママはこう言うんですけど、私はこう考えて、どうですか」みたいなことを言われて、両方いたから、どっちの肩を持つわけにもいかないしね。基本的には、どういうふうに人生をやるかということを、初めに何をやって、次にやってという、三つぐらいのプランを考えるようなことが重要だと思います。だから僕は、大学にも文理系を作ってほしいんですよね。要するに文化系と理工系ときれいに分けすぎですよね。

石川　今僕が行っている京都大学では、特にメディカルの部門で経営学をもっと入れようと、理系を中心に文系のＭＢＡの授業をするそうです。でもここに起業を目指す文系的な仕事をしたい人も来ていて、その人たちはむしろ理系の勉強をしたいと言っています。

なので、これからは理系と文系の領域を取っ払って、両方とも混ぜていくようなプログラムが、グローバルに考えると必要じゃないかなと思っています。

杉山　おっしゃるように、多様性を養成するような社会を作っていかないといけなくて、多様性に対応した評価システムとか教育システムが必要だろうと思います。このテーマはそれだけですごく面白いテーマなのでディスカッションしたいんですけど、ちょっと時間の関係もありますので次のテーマに移らせて下さい。

小嶋さんの会社は、確か「人事」という言葉を使われてなくて、確か「人財」という言葉を社内の用語でお使いになられていたと記憶しているのですけど。

小嶋　私どもの経営のテーマは、「忠恕《ちゅうじょ》」です。「真心からの思いやり」という意味です。欧米の会社はいかに利益を上げて株主に配当をするかということを目的にしています。私どもも、そのことは株式会社だからしなければいけませんが、全ての仕事をするときに「忠恕」ということ、思いやりを中心にして物事を考えていきましょうとしています。今は、「右手に忠恕、左手に算盤」と言っているんですけれども、まずは真心で物事を考えて、きっちりそろばんをはじくこと。それをやっていきましょうねと言っているんです。

日本の企業の良さというのは、きめの細かい心配り、気配りなんですね。それはものづくりにも生きているし、サービスにも生きています。私は、心を配るとか気を配るということ、思いやりということが企業の価値を作っていると思っているんです。いわゆる目に見える形のものの価値というものから、見えないものの価値というものをいかに見える化するかというところに移っているんじゃないかな、デザインも含めて。というふうに思っているので、今この心の問題というのは非常に大事だと考えています。

先ほどからの幸福論については、いくつか考えがあります。一つは3・11で「無常」を知ったことですね。日本人独特の「無」というもの、人生というものは儚いものだなと感じた。生きている間は幸せにいこうよ、という気持ちになったのではないかという気がします。

もう一つは、若者たちに一つあるのは、われわれのときのようなワクワクしたベンチャーがないんですね。われわれのときは給料を、私は1万8000円か1万9000円で入社しました。今、初任給は20万円です。ということは、基本的には10倍上がっているんですよね。今入った大学生の方たちは、さっきも言ったコスト競争の社会に入っていますから、給料は上がらないんですね。だからそんなものを求めてみたって、実のところは夢は実現しない。われわれのときは一所懸命頑張れば給料が上がって、自分たちの欲しいものを手に入れるという、いわゆるアグレッシブな活動ができた。今はそんなことをしようと思ってみても、家賃を払ってご飯を食べて、服を買ったらもうなくなっちゃう。

結局は大きな望みを持っても、これは実現できないねというような、いわゆる底辺に意識が生まれちゃったんじゃないか。それで私は先ほども言ったように、コスト競争の社会から決別して、価値のほうに移りましょう。価値のほうに移ると、今度は自分の価値を売るんですから、一所懸命磨けば非常に大きな評価をしてもらえて、自分の夢を実現できるかもしれない。しかしコスト競争の中に入っていったら、会社にとっては給料を上げないで働いてもらうということですから、その中に埋もれてしまうと、もう幸せ感はなくなってくるだろうと思います。

うちの会社では今、「能力主義的安心雇用」に切り替えています。今年の3月で評価が全部終わります。みんないったんブラッシュアップして、肩書きを全部捨てて、試験と面接と業績で評価をし直します。年功序列、定年制もやめ、能力定年にします。ダメだったら30歳でも定年、良ければ80歳まで働いていいじゃないかと。要するにどういう貢献をするのかを見ることに、切り替えているんです。切り替えをしないと、虚無感というものが広がり、違うところでの幸せを求めざるを得ないことになると思います。われわれの責任で、夢が持てる社会や企業にしていけば、若い人たちはワクワクしてやっていくと思います。

杉山　両備ホールディングスに、ぜひ頑張って岡山を引っ張っていただきましょう。

出井　企業に入って出世して幸せという価値観よりも、人間としてどういうふうに社会に役立っているかということを、自分も評価するし人も評価するような仕事というのがやはり増えてると思うんですね。

僕は今、林野庁で日本の緑の森を守る会の会長をやっています。最近、森に行ったら、森林セラピストと知り合いになりました。日本の森をよく歩いて、病んだ人たちの心を改善していくことで、自分の価値を見つけています。給料は安いと思います。でも、迷いもなく僕らを森に案内してくれ、幸せそうに生きているようでした。

3月11日以降、ＮＰＯも随分増えているわけです。会社を辞めて福島に会社を作った人もいるし、そういう意味では3月11日以降、僕は西日本はあまりそのことがよく分かっていないんじゃないかと思うんです。東日本の人たちというのが、かなり感覚が違ってきているんじゃないかなという気がしています。

ベンチャー企業もたくさんあります。何か価値を作りたいベンチャーと、金を儲けたいベンチャーといろいろあります。今のこういう状況の日本の役に立ちたいと思っている若い人たちが、増えていることも事実だろうと考えています。

若い世代と年寄りとのコミュニケーション不足もあるようです。例えば１９６８年の安田講堂事件がありましたよね。あの頃に学生から30代だった世代は、今では権力に刃向かうのもダメみたいになり、会社でも無気力でリスクを取らない世代になっています。そういう世代は、そろそろ終わりつつあります。そういう面で、石川社長の年代の人たちが、大志を持ってやっているのは、よいことだと思うんです。

岡山が悪くないということは、もう証明されています。アパレルで１０００億円も売っている企業は、東京でもそんなにないですよ。そういう面では場所は関係ないということです。東京だからいいとかいうのではないんです。僕はいつもどこに行っても思うのは、東京みたいになろうとするのは間違いです。例えば長野県軽井沢は、本当にいい町ですけど、ショッピングモールとマンションみたいな別荘がどんどん増えています。これが10年たったら、あの軽井沢は意味がないですよ。だって東京の人は東京を見にいきたくないから。そういうのは何か間違えてるんじゃないかなという気がするんですよ。

杉山　このテーマ、非常に面白いテーマなのでずっとお話をしたいんですけど、あと二つぐらいどうしても時間の中で話したいことがあります。

一つはグローバル化ということについて、ご意見を聞いてみたいと思っています。就実大学の経営学部は意図的にアジアの主要大学と提携をしています。出井さんがおっしゃった清華大の元の大学である台湾の清華大とも提携していますし、それからベトナムのフエ大学とかタイのカセサート大学とか、これからアジアで大変大切な役割を担うであろう国の主要大学と提携しています。そこへ学生たちに行ってほしいと思っているのですが、なかなか行ってくれないんですよね。

今、華僑という人は大体４５００万人ぐらいいると言われています。これは台湾と香港を入れるということなので、この人達を除くとたぶん２０００万人ぐらいでしょう。海外に住んでいる日本人というのが大体２７０万人。韓国は日本の人口の半分以下なんですけど、それでも７００万人ぐらいの人が海外に住んでいると言われています。どうすれば就実の学生のみならず日本の若者に外に出て行ってもらえるのか。どうやればそういう個人のグローバル化ができるのかということについて、エモットさんから最初にコメントをいただけませんでしょうか。

エモット　まず、教育というのは非常に重要な資産であるということです。同時に、これは社会全体にとっても非常に重要な資産です。ビジネスやソーシャルビジネス、ＮＰＯにとっても、同様です。岡山県内には17大学があると聞いています。これは非常に重要な資産だと思います。

英国というのは学校や大学というのがたいへん重要な輸出ビジネスになっています。例えば、ロシア、中国、フランス、世界中の人々に対して教育というものをビジネスとして提供しています。社会や経済にとって、人材をいかに作っていくのかということは非常に重要なことだと思います。

杉山先生のご質問に対する答えとしては、まず岡山を世界の教育のセンターにしたらどうでしょうか。例えばこちらから外に出て行くのではなく、世界から岡山へ来てもらう。例えばアジアの大学とのネットワークを通じて、世界から岡山へ連れてくることです。そして、岡山を国際的な教育のセンターにするというのはいかがでしょうか。

若い人たちはお互いにまず会うことが重要ですよね。boys meet girlsと言いますので、男の子と女の子も機会がないと会うことができないということです。機会が必要だと思います。近頃のヨーロッパでのスローガンは、「戦うのではなくお互いに愛し合おう- make love not a war」ということになっています。

ですので、真剣にお答えすると、いわゆるマーケティングということでしたなら、アジアとのネットワークを通じて、アジアをこちらへ連れてくる—、そういうことで、岡山の中でアジアの人と国際的な形でいろいろな人に会うことができることになると思います。

杉山　ありがとうございます。出井さん、いかがでしょうか。若者をどうやればグローバル化できるのでしょう?

出井　行きたがらない人を行けと言ったって無理ですよ。だけど、興味の中心が合えば行くわけです。例えば、岡山へ才能のある人たちを招くことを、このお二人の社長にやっていただいたらどうでしょう。そして、例えば京都なんかも、現代アートなどを特に大事にするとか、非常に分かりやすいことをやっています。今は金融的なキャピタリズムよりもアメリカでのクリエイティブ・キャピタリズムとか、要するに才能のある個人を特に育てていく社会がよいと思います。香川県の直島を中心とした瀬戸内国際芸術祭は世界のデスティネーションになりつつあるわけでしょう。例えば、岡山城に行ったらすごい現代的なアートの彫刻があったみたいな、意外なコントラストがあったりするといいですね。会社はそういうクリエイティブなタレントのある人たちを雇うとか、そういうことを何かやっていったら相当興味がわくんじゃないですか。

岡山をクリエイティブな町にするというのが、非常にやりやすいんじゃないかなと思います。

小嶋　地方が光るために、どうしても大事なことだと思いますね。きっと私に、若者がなぜ海外に行かないかの答えをと言われるのでしょうから……。私は今、海外に仕事で行かなきゃならないけど、行きたくないんですね。理由は何か。ウォシュレットと日本食です。これがないので、たいへん困っているんです。

若い人たちは今、二極ですね。女性はものすごくアクティブです。海外に出たがります。男性はものすごく弱い。特に今は商社が一番困っていて、海外に出たくない人ばかりが入ってくるんですって。それじゃ商社にならないと言うんだけど。

基本的にはやはりこれからの世の中で、私はグローバルという言葉自体がチンケなんじゃないかというふうに思うんです。日本はアジアの中の一つの拠点であって、日本の中だけで暮らせるかといったら、もう無理ですよね。20年、30年後を考えたときに、アジアの中でどれぐらいのポジションを日本が持っているかということになりますから、やはりこのへんのところを取っ払って行くような教育ですね。

今は英語で授業するなど、いろいろな学校があると思います。TOEICだとかTOEFLをやるけれども使えないんですよね。使えない英語を一所懸命教えちゃって、いわゆる国際人になりきれてない。英語を使えるような環境にすることと、就実そのものを国際化しちゃうことだと思います。あらゆるところの人たちが来ていて、一緒になって勉強しているうちに、同じ人間なんだということで、チャンスがあれば海外に出ていこうという気持ちになるんじゃないかと思います。

だから、私は日本だけは特殊だという形を取っていくこと、それからグローバルだとかローカルだとか言うんじゃなくて、今は「グローカル」という言葉がはやっていますけれども、もう世界は一つになってきたんだという意識を先生方が徹底的に教え込むことが、意外とボーダーのない若者たちを作っていくんじゃないでしょうか。

杉山　石川社長さんにはさっき、出井さんとかエモットさんがおっしゃったように、直島には地中美術館やベネッセミュージアムがあり、倉敷には大原美術館、小嶋会長さんのところは竹久夢二の生家を保存されたり夢二美術館を運営されています。石川社長さんは、岡山でイマジニアリングという新しいアートの展開をされました。さっき小嶋会長がおっしゃったように、備前焼や備前刀は、中国の人にとって新鮮だと思うんです。閑谷学校に残る論語などの書物は中国には残っていません。そういう一つひとつをピックアップして盛り上げていくと、それを契機に岡山がグローバル化していくだろうと考えますが、いかがでしょうか。

出井　長野県に小林りんさんという有名な方がいて、35歳くらいの女の方なんですけど、インターナショナルスクールのライセンスを取られたんです。それで3年間準備して14カ国から軽井沢に、日本人も入れて50人の子どもたちが来ているんですよ。彼女がやろうと言ったときに、一人1000万円寄付してファウンダーになってくれるという人を探していたんですけど、なかなか集まらなかったんですよね。だけど3月11日以降、みんなが社会に何かしなきゃいけないという若い成功した人たちがたくさん増えて、150人以上の賛同者がいて、学校ができてアメリカの先生が来て、世界中からいい先生が集まって、長野県もOKして、文部科学省もOKが取れて、50人の本当にピュアな志のインターナショナルスクールがスタートしている。

先週、彼女が「日経ウーマン・オブ・ザ・イヤー」というのを取ったんですね。僕がすごいと思うのは、彼女は子どもを2人産みながらそれをやっていることで、僕がそのお金を集めていくときに、こんな大きなお腹の人を連れていっていた。だからセコムの飯田さんのところへ行ったときは、飯田さんが睨むから、「いや、あれは僕の子じゃないんです」みたいなことを言って場をなごませて、「彼女は今こういう志を持っていてね」と話したら、アジア中のセコムのお金持ちの人を紹介していただいたりしました。

そういう面で、日本に勉強に来たいという子どもたちが中国本土からもいるし、アメリカも含めて世界中から集まっているということ自体、日本という国はすごいんですよ。だから、僕は岡山にもそういう、就実高校でも短期大学でも何でもいいんですけど、そういうのを国際的に作って呼んでくれば、この人たちを見てあの国に行ってみようとか、そういう人が増えるんじゃないでしょうか。外国へ行ってみようと思っても、知らないところに行こうと思ってもなかなか行きにくいから、そういうふうに人を通じて、そういうのが一個ぐらいここにできてもおかしくないですよ。文部科学省も安倍さんも、そういうことはやるぞということは言っているわけだから。エモットさんも言ったけど、岡山をグローバルにもってくるということが、こちらから出て行くきっかけになるのではと思いますよ。

杉山　貴重なご提案をありがとうございます。石川社長さん、コメントをいただけますでしょうか。

石川　それでは、現代アート、文化の話です。ご存じのとおり、倉敷には大原美術館という、クラレを創業した大原孫三郎さんが私財を徹底的に突っ込んで、魅力的な町を作りました。福武さんにおいても、お父さんはいろいろありましたけれども、第二創業者の福武總一郎元会長においてはロマンを持って、直島を世界一の現代アイランドにするんだということで頑張られました。

よく考えれば、倉敷・直島という瀬戸内エリアに、上場を達成したリーダーが派手な生活もせずにその地域のために文化事業に徹底的にお金を使ったというのは、実は世界で見てもあまり例がなくて、一人の経営者が成功してその地域に文化の振興をおさめたという例はあるんですけれども、二人も三人もその地域に集中して出てくるということはあまりないんですね。

たまたま僕もドンペリとかロマネコンティとかカウンタックとか興味がないものですから、1000億になって起業してある程度家族も養えるようなことになってきた場合に、これから国内および世界の文化人を支援しようと思って、今、石川文化振興財団を立ち上げています（2015年2月に認可を得て「公益財団法人 石川文化振興財団」が発足している）。世界中から、また、日本中から、この岡山にクリエーターを集めて、そのクリエーターに岡山のちびっ子がみんな絡んでもらうと。岡山の学生もどんどん絡んでいってもらうと。これから起業したいような子たちも絡んでもらって、新しいことを考える力というのがこれからの社会には必要だと思っています。

少しまとめると、岡山市にはあまり強いアイデンティティがないので、僕は世界一の現代美術のシティ、クリエイティブ・シティにしたいなというふうに思っています。直島は今、福武さんが一所懸命頑張っています。大原さんも非常に魅力的な町を作られました。直島、倉敷、岡山市が一つになって、僕は世界に向けて「瀬戸内」というこの言葉が、ある種「広島」という言葉ぐらい世界に羽ばたいていける言葉になると思います。

実は今、パリのギャラリー・ラファイエットという百貨店で、直島の魅力を写真で伝えるというような「直島展」もやっています。たぶん、これから2020年に向かって、岡山のトラフィックを使って直島に行く人、倉敷に行く人、また僕たちがやっている岡山市のアートプロジェクトに参加する人が、どんどんインバウンドで来ると思います。そのような町にしていくことが岡山のブランドになると思うし、岡山の世界的な認知度向上にもなるし、そんな町だからこそ学生も行ってみたいとか、そんな町だからこそここで起業してみたいとか、そういう人たちが増えるのではないかと思います。行政がやるこことも、リーダーの役割じゃないかなと僕は思っています。
とも大事ですが、ある程度民間の企業がファンデーションを作って、この地域のためにブランドを作る

杉山　僕は資本主義大好き人間で、競争がないところには何も発展はないと信じているので、みんなが戦ってくれるのが一番いいと思っています。これまでの話にあったものが全部うまくコーディネートできて事業化し、起業王国になって世界に発信できるといいなあと思います。

それでは、一人1分半ぐらいで、最後のテーマであります「岡山をどう創生したらいいのか」について提言していただけないでしょうか。

では小嶋会長からお願いします。

小嶋　岡山の場合、「創生」は一言なんですね。「言ってることをやる」ということだと思います。「そうせい」です。

基本的にはいっぱい素晴らしいことを皆さんおっしゃる。だけどやってる人が少ない。知行合一と言いますけれども、やはり今の日本で一番欠けていることは、言うだけでやらないということ。言っていることを全部やれば素晴らしい都市になる。特に岡山の場合には、ポテンシャルがあると随分言われてきましたけれども、本当にいいものをたくさん持っていると思います。それぞれの地域が自分たちのところが輝くようにやっていけば、これだけのものを持っているところはないと思います。

それから、基本的には今言った伝統産業と言われるものを磨け、ですね。もう一つは、岡山を良くす

るために、儲かっている地域、東京とかアジアに手をかけろ、ですね。そしてその収益を岡山に持ってくるということが、岡山が栄えるための一つのポイントになってくるのではないかと思います。さっきも言った世界の中で生きていくということを、岡山にいながらしていくということは大事だと思いますね。

杉山　石川社長さん、いかがですか?

石川　文化を通じて岡山を魅力的な町にするということは、これからもやっていきたいんですけども、僕が勝手に唱えていることが一つありまして、「一社一村運動」。特に上場企業は、一つの中山間地域の過疎に悩んでいる村を救済するべきだと。これは僕の持論で「一社一村運動」という勝手な言葉を作りました。

僕たちは今、岡山の過疎に悩んでいる９００人になってしまった新庄村という村に対して、ここの村にあるコンテンツは農業しかないので、この農業をブランドにして、もう少し高値で売れるような流通の仕組みを村の行政と一緒にやっています。その一つのイベントとしてA級グルメというのをやっていまして、B級グルメに対抗して、歩きながら料亭やフレンチのメニューが楽しめるというイベントを村でやっているんです。岡山の有名店のシェフに屋台を出してもらって、新庄村の野菜やお肉を使うということが条件で、彼らがそれを調理するので、彼らも新庄村の良さが分かって、今後レギュラーのメニューに使ってくれています。農家から料亭に、ダイレクトな取り引きが始まるわけです。

今われわれは、「フードフェスティバル」ということで、新庄村の地方創生・活性という意味で、地方の補助金だけでやっていた新庄村に民間のアイデアとか民間のマーケティングの力を入れて、さらに料亭のオーナーと新庄村の農家の方とをマッチングさせる、こういうことを本気でやっているんですけれども、これから全ての上場企業が「一社一村運動」で中山間地域を元気にするんだという意識になって、そこにマーケティングのアイデアとお金を出してくれると、一気に地方創生が始まるのではないかなと思います。

杉山　出井さん、岡山がquantum leapを遂げるためには、何をしたらいいでしょう。

出井　僕は東京の者だから、岡山のことがどうなるかということまでは具体的なアイデアはないんです。今日こういうイベントがあるということ自体が、就実のコミットメントだと思うんですよね。東京でこの前6人で飯を食ったら4人は岡山に住んだことがあるっていう人たちで、岡山話ばかりになっちゃって、なんでこんなに愛されているんだろうというふうに思っていました。

大都会東京で「岡山が、岡山が」と言っている人たちがいるのだから、こっちでイベントを共通にやるとか、ベンチャーの人なんかでも集めて、僕の会社へでもどんどん来てくれれば。うちのそこに若いスタッフがいますから。そういうふうに何か具体的なことを一つでもいいから、岡山と東京を結び付けてやるようなことでもやったらどうですか。

杉山　最後にエモット先生。もちろん第三の矢が一番大切なんですけど、第三の矢はわれわれは撃てないかも分かりません。岡山のための第三の矢、どういうことをやれば岡山が活性化できるか、一言ご意見をいただけたらと思います。

エモット　私が言える提案としましては、第三の矢としては先ほど言いましたように、世界を岡山に持ってくる、連れてくるということで、私自身は世界そのものではありませんけれども、私自身を岡山に呼んでいただきましたよね。そういうことではないでしょうか。そういう形でまず岡山を開放していくということ。そして、ここにいる人々によって、より良い未来を作っていくということではないでしょうか。

ですから、コンペのようなものをしたらどうでしょうか。それは若い人も高齢の方でもみんな参加していただいて、何らかのプロジェクトを提案していただきます。そのプロジェクトは、例えば文化に関するものであっても教育に関するものであっても、もちろんそのテーマは何でもいいんですけれども、プロジェクトを提案してもらって、パネルでそれをディスカッションしてもらうということもよいと思います。

最終の選考に残って優勝した方に対しては、いわゆるクラウドファンディングという形で資金提供をして、それからローカルな企業からも資金を出していただき、二重の資金提供ということになりますので、それでそのプロジェクトを実行していくということもできるのではないかと思います。

杉山　何か課題をいただいたみたいです。実は私は「岡山首都化プロジェクト」ということにも関わっていまして、ぜひ若者たちのアイデアで、岡山を首都にするためにはどうしたらいいのかというふうなこともぜひ考えてみたいと思っています。

リチャード・フロリダという方がクリエイティブ・クラスということを言っていまして、これからは国家間競争ではなく都市間競争の時代だというふうに言われています。岡山が、例えば神戸とか横浜とか東京とか福岡と戦うためには、いったい何をやったらいいのかをもうちょっと岡山の人は真剣に考えるべきです。先ほどご提案のあったアートを中心としたこととか、岡山には小嶋会長がおっしゃったようにすごい資産が眠っていますので、そういうことを活かしていけたらというふうに思います。本日は、どうもありがとうございました。

閉会のあいさつ

就実大学学長　稲葉英男

皆さま、ご苦労さまでした。遅くまで私ども就実学園の創立110周年記念フォーラムということで、最後にまとめとして閉会のあいさつをさせていただきます。

私は、学長の稲葉と申します。今日の会場であるイオンモール岡山の「おかやま未来ホール」において、本記念フォーラムを開催させていただきましたことは、私どもにとって非常に光栄なことで、開催に御尽力くださいました関係者の方々に心から御礼申し上げます。本日は記念フォーラムに500名以上の方が参加されたと伺っておりますが、熱心にご聴講いただきまして、心から感謝申し上げます。

最初の基調講演のビル・エモット先生は世界的なエコノミストでありまして、その中で今日の印象あるお言葉は、やはりものづくりとサービス、それを具体化するには「イノベーション」、これもクローズではなくてオープンイノベーションをしようということです。それから「フレキシキュリティ」、これはやはり産業、国、人が型にはまらず、フレキシブルに対応しなければならないというような言葉をいただきまして、私ども地方に住む者にとって、今後そういう考えを生かしながら組織づくりや個人がどう伸びるかということをやらせていただければと思います。

それから、2番目の基調講演でありますが、出井様は元ソニーの会長様で、世界的な視野のもとで具体的にグローバル企業なりベンチャー企業をたくさん作られて、やはりベンチャーからスタートをしようということで、若い社長をたくさんつくられて頑張っておられるという、そういう方です。その中で、私どもが非常に感銘を受けたお言葉が「グローバリゼーション」、島国の日本の中ではなくて、グローバルに対応しなさいということ、それから、先ほどエモットさんもおっしゃった「イノベーション」をどうするか、最後に「エデュケーション（教育）」です。やはり人間というのは、教育を受けてはじめて個性が展開できるということになりますので、この「グローバリゼーション」「イノベーション」「教育」というものが三位一体となって、私どもは動かなければいけないと思っております。

さらにパネルディスカッションでは、地元の両備ホールディングスの小嶋会長ＣＥＯ様、それからクロスカンパニーの石川社長様を加えまして、微に入り細にわたり岡山はどうすべきか、それから世界的な流れはどうなのか、そういうお話をしていただきまして、私どもも学生諸君も参加されている方も非常に参考になったのではないかと思います。

その中で最後に出て来たのは、言うだけ、考えるだけではダメで、やはり具体的に実行しましょうということでした。一人ではなかなかできない。でも実行する旗振り役を作りながらそれを具現していくというのがやはり大事ではないか、というようなお言葉をいただきました。

私ども日本は、高度成長期のキャッチアップの時代が終わりまして、いわゆる低成長の時代であり、成熟した社会と言われています。この時代には、やはりイノベーティブな人材、個性の強い人材がたくさん出て来て、いろんな発想をしなければいけないということで、私ども国全体がそういう人材を求めていると言われました。

さらに、先ほどから話がありますけれども、日本の場合は人口問題に由来していまして、「課題先進国」と言われているのです。先ほどは小嶋会長は「高齢者は問題国民ではない」という話をされましたが、やはり人口問題に由来してさまざまな問題が起きております。それに対して、世界に先駆けて世界のモデルになるような課題を解決する国ということで世界に売り出す必要があるのではないか、というふうに私どもは思っております。

それからもう一つ、これは大きな悩みではありますが、地方の人口の縮減があります。これは地方によくある若者を惹きつける産業の育成、それから私がもう一つ大事だと思うものは、経済の成長速度のみに頼らないということです。経済成長だけではなくて、やはり時間的、精神的にゆとりある地方社会をつくらなければまずいのではないかというふうに思っております。

それからもう一つは、新たな幅広い産業の振興、それから若者が地方に定着できて、出生率を向上し、地方創生システムを作りそれを実行するということが大事だと思います。本年11月には、「まち、ひと、しごと創生法」いわゆる地方創生法が国会で成立されました。同法案は、地方の人口減少に歯止めをかけて、東京一極集中を是正するために、地方での出産や育児をしやすい環境をつくり、雇用創出を進めることを理念としています。まさに今日のフォーラムで話した中身が、その回答につながるのではないかと考えております。

一方、先ほど出井さんがおっしゃいましたが、教育が大事なんですということです。大都会の大学と地方の大学が、どちらも同じようなことをやってもダメですから、それぞれの大学の機能をやはり変えて、大学の機能を再構築しなさいということです。その実現に向けていろいろと考えるばかりではなくて、迅速に行動しなさいということで、今大学改革の真っただ中にあります。そういう時期でありまして、この中ではやはり先ほどおっしゃいましたような国際的視野を持った創造的な地方人材、いわゆるグローカルな人材をどう養成するかというのが、私どもに課せられた大きな使命ではないかというふうに思っております。主体的に学生が勉強すること、もちろんしているとは思いますが、自ら考え行動するような、そういう個性ある人材をいかに育てて、地元で働いてもらうか。いわゆる「地方における人の循環」を生み出し、地方の人的活性化からわが国を支えるべきだと考えております。

私ども就実大学も、本年度から経営学部ができました。社会科学、人文科学、自然科学科からなるいわゆる総合大学ということになりました。これは学際的な文理融合型の、幅広い視野を持った個性の強い人材というものを育成し、出井さんのお話にあった就職してからもプランA、プランBが持てるような人材を育てなければならないというふうに考えておりますので、皆さまのご支援を賜りますようよろしくお願い致します。

最後に、本日の就実学園創立110周年記念フォーラムに参加されたご講演者、そしてパネルディスカッションの参加者、さらに会場で長時間のご聴講を賜りました皆さまのご発展と健康を祈念致しまして、閉会の辞に代えさせていただきます。ありがとうございました。

就実大学経営学部

現代社会が抱える多様な問題について、主にビジネスの観点から学ぶ学部。グローカルなマネジメント能力を身につけるカリキュラムで理論や実践を学び、ビジネスプロフェッショナルでありしかもグローカルな人材を育成する。グローカル人材とは、グローバルな視野を持ちながら、ローカルなニーズに対応できる人のこと。創立110周年を迎えた就実大学に2014年4月設置。

就実大学 / 就実短期大学 / 就実大学大学院

〒703-8516 岡山県岡山市中区西川原1-6-1
TEL：086-271-8111　FAX：086-271-8222
URL http://www.shujitsu.ac.jp/

ビル・エモットと語る日本再生と地域創生

2015年11月19日　初版第1刷発行

編　者——就実大学経営学部
装　丁——佐藤豪人（HIDETO SATO DESIGN）
版　組——小林ちかゆき
編　集——金澤健吾
発　行——吉備人出版
〒700-0823　岡山市北区丸の内2丁目11-22
電話 086-235-3456　ファクス 086-234-3210
印刷所——株式会社三門印刷所
製本所——株式会社岡山みどり製本

ISBN978-4-86069-445-6